일치의 모험

끼아라 루빅

일치의 모험

끼아라 루빅, 프랑카 잠보니니와의 인터뷰

이영 옮김

서광사

일치의 모험

지은이/프랑카 잠보니니
옮긴이/이영

펴낸이/김신혁, 이숙
펴낸곳/도서출판 서광사
출판등록일/1977. 6. 30.
출판등록번호/제406-2006-000010호

(413-756) 경기도 파주시 교하읍 문발리 534-1
대표전화 · (031)955-4331 / 팩시밀리 · (031)955-4336
E-mail · phil6161@chol.com
http://www.seokwangsa.co.kr / http://www.seokwangsa.kr

제1판 제1쇄 펴낸날 —— 1998년 6월 20일
제1판 제4쇄 펴낸날 —— 2012년 4월 10일

ISBN 978-89-306-5807-2 03230

머리말

세계를 품안에

동경의 한 웅대한 법당 안에서 1만여 명의 일본인들이 끼아라 루빅의 영신적 체험담을 경청하고 있다. 수많은 인파가 복도와 법당 밖까지 메우고 있어서 이들을 위해 10대가량의 비디오 수상기가 법당 안에서 일어나고 있는 장면들을 중계한다. 때는 1981년 12월 28일. 서양인으로서는 처음으로, 그것도 가톨릭 신자가, 평신도라는 신분으로 수많은 불교 신도들 앞에서 연설을 하고 있는 것이다. 불과 몇 년 전까지만 해도 미처 상상할 수 없었던 광경이다.

"'끼아라에게 인사를 보냅니다.' 이 말 한마디면 모두가 알아듣습니다." 교황 요한 바오로 2세가 1990년 3월 31일 전세계로부터 로마의 에우르 체육관으로 모여온 2만 명의 젊은이들을 향해 외친 말이다. 이 날, 교황과 끼아라 루빅의 연설은 인공 위성 '올림푸스'를 통해 5대륙으로 생중계되었다. 세계를 품에 안는 역사적 순간이다. 로스앤젤레스는 새벽 5시, 홍콩은 밤 11시, 멜버른은 새벽 3시이다. 그러나 세계 각처 어느 곳에서나 수십만 아니, 수백만 명이 귀를 기울이고 있을 것이다.

페르시아 만에서 걸프전이 발발하자 끼아라는 고리 기도를 제의하고 포콜라레 운동의 전 회원이 이에 동참하였다. 그때부터 매일 이탈리아 시간으로 낮 12시에 전세계의 150만 명이 일손을 멈추고 일제히 마음을 모아 평화를 위해 기도한다.

끼아라 루빅에 의해 창설된 이 운동이 어떻게 사람들의 의식 속에 그처럼 깊이 스며 들어가게 되었는지를 이해하기란 쉬운 일이 아니다. 1990년 5월 27일에 열린 **포콜라리노**들의 모임에서 우고 폴레티 추기경이 이에 대해 재미있는 설명을 한 바 있다.

"어렸을 때 고향인 피에몬테에서 목격했던 일이 생각납니다. 그곳에는 떡갈나무가 많이 자라고 있었는데 이 나무는 매우 딱딱해서 거기에 못을 박으려면 여간 힘들지 않았습니다.

그러나 수십 차례 망치질을 해서 일단 못이 박히기만 하면 여간해서는 다시 빠지는 일이 없었습니다. 나는 포콜라레 운동을 여기에 비유합니다. '나눔, 일치, 일치의 정신, 서로간의 사랑으로 세계를 일치시키자.' 이런 구호들을 한 번, 두 번, 세 번, 거듭 반복하는 동안 이 모

포콜라리노 : 남자 포콜라레에서 공동 생활을 하는 사람을 말함.

든 것이 사람들의 마음속에 깊이 새겨집니다. 한 번 떡갈나무에 박힌 다음에는 다시 빠지는 법이 없는 못처럼 말입니다."

한 그루의 나무와 그에서 뻗어난 22개의 가지들

포콜라레 운동이라고도 불리는 마리아 사업회는 금세기에 이탈리아에서 태어나 전세계로 퍼져 나간 운동이며, 그 창설자이자 회장은 끼아라 루빅이다. 이 운동은 156개 나라에 전파되어 있으며, 8만 명 이상의 정회원과 150만의 회원, 그리고 수백만의 협조자들을 포함하고 있다.

이 운동은 제2차 세계대전 중, 폭격으로 여러 곳이 파괴되어 가던 이탈리아 북부의 트렌토에서 시작되어 아무런 계획도 없이 미리 짜놓은 틀도 없이 성장해 갔다. 여러 그룹이 어우러져 힘차게 자라났다. 그리하여 처음에 지녔던 단순성을 그대로 지니면서 또한 넉넉한 모습으로 정돈되어 갔다.

'매우 풍성하고 열매를 많이 맺는 나무'라고 교황 바오로 6세는 정의했다. 단 하나의 둥치에서 22개의 가지가 뻗어난 나무인 것이다.

나무가 저절로 자라나 여러 개의 가지가 생길 때마다 '새로운'이라는 형용사가 붙게 되었다. 새 세대, 새 가정, 새 인류… 처음에 받은 영감이 새로웠고 그 후 발걸음을 옮기면서 받은 영감 또한 새로운 것으로서 이 영감들은 차츰 모양을 갖추어 갔다. 포콜라레 운동은 평신도에 의해 태어났고, 평신도에게 그의 무게와 중요성을 되돌려주었다. 당시의 교회 구조는 평신도들—젊은이, 기혼자, 가정의 아버지와 어머니…—에게 단지 일요일 미사에 참여할 자리만을 내어주고 있었다. 이 운동은 가톨릭 신자들 사이의 일치를 쇄신하려 했고 다른 그리스도 교회 신자들을 재일치시키기 위해 노력했으며 타종교인들 및 비신자들과도 대화의 문을 열고자 했다. 이것은 제2차 바티칸 공의회를 계기로 하여 교회 일치의 열망이 열기를 띠기 시작한 것보다 훨씬 전의 일이었다.

포콜라레 운동은 전세계에 널리 전파되어 있으며, 또한 이 시대의 요구에 부응하는 활동을 전개하고 있음에도 불구하고, 떠들썩한 보도의 대상이 되지는 않는다. 흔히 기자들은 '보도거리가 되지 않기 때문'이라는 말을 하곤 한다. 텔레비전 카메라가 이 운동을 옆으로 제쳐놓고, 기자들의 전문적 시선이 다른 데로 돌려진다. 이 운동이 영상에

잡히지 않는 이유를 포콜라리노들의 자세가 신중하다 못해 그들의 모습을 그늘에 감추는 것과 또 언론 매체가 영신적인 것들에 대해 무관심한 것에서 찾을 수 있다.

1977년 2월 28일, 이탈리아 국영 제1텔레비전 방송이 뉴스 시간에 종교의 발전에 기여한 사람에게 주어지는 **'템플턴 상'**(Templeton Prize)이 포콜라레 운동의 창설자 끼아라 루빅에게 수여될 것이라는 사실을 보도했을 때, 뉴스를 지켜보고 있던 시청자들은 대부분 물었을 것이다. "끼아라 루빅이라고? 그 사람이 누군데?" 계속해서 아나운서가 템플턴 상은 1972년에 제정되었으며 앞서 이 상을 받은 사람들은 캘커타의 마더 테레사, 테제 공동체의 로제 슈츠(Roger Schutz) 원장, 라다크리슈난(Radhakrishnan) 전 인도 대통령, 그리고 레오 요세프 스위넨스(Leo Jozef Suenens) 추기경이었다고 말했을 때에야 비로소 시청자들은 이 사람이 중요한 인물임을 알게 되었다.

템플턴 상 : 한국에서는 1992년 한경직 목사가 수상한 바 있다.

특은

끼아라 루빅은 1920년 1월 22일 이탈리아 트렌토에서 태어났다. 루빅이란 성은 중부 유럽의 합스부르크 제국에서 유래했다. 마음속에 막연한 꿈이 움트고 있었다는 것 이외에는, 그에게는 1939년, 19세의 나이로 가톨릭 학생회가 주최한 모임에 참가하기 위해 로레토를 방문하기 전까지만 해도 자기 나이 또래의 다른 친구들과 다른 점이 없었다.

포콜라리노이며 끼아라의 측근 협력자인 엔조 마리아 폰디는 이렇게 기록한다.

"바로 거기서, 성가정의 검은 네 벽 사이에서, 하느님에 관련된 것들에 있어 흔히 그러하듯 예고된 바도 없이, 그리고 침묵 속에서 끼아라와 그의 특은과의 첫 만남이 이루어졌다… 그러나 이는 단지 시작일 뿐이었고 앞으로 일어날 일들의 전조와도 같은 것이었다.

그는 자신 앞에 하나의 새로운 길이 열리고 있으며 많은 사람들이 이 길을 따라 걸어갈 것임을 강하고 분명하게 직감했다. 아직 무어라 정의할 수 없는, 그러나 확실하면서도 깊은 기쁨을 동반한 이 성소 안에 이미 새로운 요소의 싹들이 들어 있었던 것이다. 그것은 장차 교회 안에 태어날 한 운동의 핵이라 할 수 있는 것이었다."

뜻깊은 3개의 날짜

포콜라레 운동의 역사를 살펴보면 5년 동안에 세 차례의 중요한 날짜가 기록됨을 본다. 장차 태어날 운동의 초석이 되는 날들이었다.

첫번째 날짜는 1943년 12월 7일이다. 끼아라는 이날 남모르게 자신의 일생을 하느님께 봉헌하였다. 이 은밀한 봉헌은 포콜라레의 탄생을 의미하는 행위로 알려져 있다. 그리하여 포콜라레 운동은 1993년 12월 7일, 이 운동의 탄생 50주년을 기념하게 되었다.

두 번째 날짜는 1944년 5월 13일로서 트렌토 시는 심한 폭격을 받았다. 계속적인 폭격기들의 공격에 의해 도시는 폐허가 되고 말았다. 루빅의 집도 폭격을 당했고 가족들은 피난을 가야 했다. 그러나 끼아라는 친구들 곁에 머물기 위해 도시에 남기로 결심했다. 그것은 아직 분명하지는 않았지만 이미 일생을 바쳐 끌어안은 하나의 설계를 위해 내린 단호한 선택이었다.

세 번째 날짜는 1948년 9월 17일, 이지노 조르다니(Igino Giordani)

를 만난 날이다. 이미 그 얼마 전 국회 의원에 당선된 조르다니는 저술가요 기자이며 논객으로서 그 전부터 파시즘에 의해 박해를 받고 있었고, 조르지오 라 피라(Giorgio La Pira)와 프리모 마졸라리 신부(Don Primo Mazzolari) 등과 함께 전후(戰後) 가톨릭 청년들의 존경을 받고 있었다. 그는 끼아라의 예언적 노선을 가고 있었다. 그는 "교회 성인력에는 결혼한 사람이 전혀 없다", "오늘 우리 평신도들에게는 성덕의 부스러기만 남아 있다. 우리는 영신적 하류 계급인 듯하다"라는 서글픈 글을 쓰곤 했다.

이 가톨릭 국회 의원은 신자들간의 일치에도 관심을 가지고 있었다. 그것은 '사방에서 느껴지는 요구였지만 교회 내에서는 아직 이 같은 징조가 보이지 않았다'. 그는 이 운동을 위해 참으로 놀랄 만큼 큰 공헌을 하게 된다. 그리하여 끼아라는 조르다니를 포콜라레 운동의 '공동 창설자'라 부르게 되었다.

일치된 세계

매우 복합적이면서도 정돈된 운동. 이를 오직 하나의 틀에 집어 넣는다는 것은 쉬운 일이 아니다. 첫 세대 포콜라리노들뿐 아니라 다음 세대의 포콜라리노들도 그들의 아버지나 어머니가 아들이나 딸이 내린 결정에 대해 당황해 하며 던지던 질문을 기억하고 있다. "도대체 이 운동이 뭐라는 거냐?" (이 질문을 제일 먼저 던진 사람은 바로 끼아라의 아버지, 루이지 루빅이었다.)

아마도 교황 요한 바오로 2세가 내린 정의가 가장 정확한 답일 듯하다.

'90년 젠의 축제(포콜라리노들의 22개 가지 중 하나인 젊은이들의 축제)에서 교황은 말했다.

"현대인은 일치된 세계를 눈앞에 보게 될 날을 애타게 기다리고 있습니다… 그들은 참된 사랑의 문화가 꽃피기를 고대하고 있습니다. 물론 이 같은 이상은 우연의 결실일 수는 없습니다."

이 구절 안에는 50여 년 전 어두운 방공호 속에서, 트렌토의 한 여교사의 마음을 움직여 전쟁의 공포를 뛰어넘어 희망을 소중히 간직하게 한 예언적 영감이 들어 있다. 이 희망은 하느님의 섭리 안에서가 아니면 그때로서는 이해할 수 없는 것이었다. 후에 그것은 시대적 징표였음이 밝혀졌다.

"우리는 '이 사람들이 모두 하나가 되게 하여 주십시오'라고 하신 예수님의 계획을 교회가 실현할 수 있도록 도우려는 작은 손입니다."

끼아라는 '84년 교황 요한 바오로 2세가 포콜라리노들에 대해 좀더 자세히 알아보기 위하여 로카 디 파파에 있는 그들의 본부를 찾아갔을 때, 이렇게 사업회를 소개했다.

교황은 참으로 크나큰 특혜를 끼아라에게 베풀었다. 사업회의 특성상 다양한 신분의 사람들이 있음에도 불구하고 여성이 마리아 사업회의 회장이 될 것이라고 하는 내용의 사업회 회칙을 인준했던 것이다.

우리는 모습을 감추고 있습니다

끼아라 루빅은 70대의 나이에 들어섰음에도 불구하고 아직도 이 운동 초창기 때의 열정과 신선함을 간직하고 있다. 그는 트렌토의 부드러운 억양으로 자신의 생각을 이야기하기 시작하면서 곧 그가 깊고 깊은 영성을 지녔음을 깨닫게 해 준다. 분명하고 개방된 이 영성은 끼아라로 하여금 현대의 위대한 종교 지도자들 및 종족들과 자연스럽게 어울리게 했다. 바티칸의 여러 강당 안에서도 그러했고 레시페의 모

캄보스에서도 그러했다. 그에게서는 이 영성이 외적으로도 드러난다. 그의 흰머리는 언제나 잘 손질되어 있고, 옷차림은 늘 단정하고 우아하며, 그의 입가에는 항상 미소가 감돌고, 표정은 친절하고, 결코 엄숙한 법이 없다. 그는 깊은 깨달음을 알아듣기 쉽게 표현하곤 한다.

끼아라는 지도(地圖)상 이 운동의 중심부에서, 즉 로마 근교의 로카 디 파파에 있는 포콜라레 운동 본부에서 살고 있다. "세상 한가운데에 머물러야 하는 우리의 성소를 따라 세상에 섞여 살고 있습니다"라고 그는 즐겨 말하곤 한다. 또한 그는 남녀 포콜라리노들과의 커다란 모임이 아닌 이상 그 어떤 경우에도 두드러지게 눈에 띄는 것을 좋아하지 않는다.

자신에 대해 이야기를 해야 할 때에는 어색해 한다.

그러므로 타고난 내향적인 성품을 전적으로 극복해 준 데 대해 끼아라에게 감사한다.

프랑카 잠보니니

모캄보스(Mocambos) : 브라질의 빈민촌.

차 례

제1부

새 바람

복음을 새로운 눈으로

요한 바오로 2세 교황님께서 처음으로 로카 디 파파의 포콜라레 운동 본부를 방문하셨을 때, 당신은 다음과 같이 말씀드리면서 초창기를 회상하게 되었다고 하셨습니다.

"이 운동이 막 태어나고 있던 당시의 일들이 머리 속에 되살아났습니다. 당시 저는 새로운 이상으로 불타오르고 있었습니다. 아버지께서 물으셨습니다. '도대체 이상이라는 것이 무엇이냐? 얘야, 무엇을 이상이라고 하느냐?' 저는 답했습니다. '사랑이에요. 아버지, 그건 사랑이에요.' 우리가 답할 수 있는 것은 이것뿐이었습니다."

당신의 아버지께서 거의 반세기 전에 하셨던 그 질문에 대해 지금은 좀더 구체적인 답을 주실 수 있으신지요?

교황님께서 우리를 방문하셨을 때, '사랑이야말로 이 운동을 일으킨 불꽃'이라고 하셨습니다. 사실 새로운 생활이 시작되던 그때 우리는 사랑을 체험하고 있었습니다. 하느님께서는 사랑이시고, 우리는 그분의 자녀들임을 깨달았으며, 따라서 우리도 그분처럼 사랑이 되어야 함을 알게 되었지요. 이 때문에 그날, 즉 1984년 8월 19일, 교황님께서 우리 본부를 방문하신 날, 제 머리 속에는 아버지께 드렸던 답이 떠올랐던 것입니다.

물론 지금도 여전히 우리에게는 초자연적 사랑이 우리 삶의 모든 것의 영혼이며 바탕입니다. 그리스도교 정신 그 자체가 그렇듯이 말입니다.

그런데 이 운동이 태어나던 처음 몇 달 사이에 벌써 이 사랑이 하나의 영성으로, 일치의 영성으로 표현되기 시작했습니다. 이 영성은 매우 색다른 점을 지니고 있으면서도 우리 신앙의 근본 원칙에 기초를 두고 있지요. 무엇보다도 이 풍요로운 영성 때문에 이 운동은 활기에 차 있습니다.

포콜라레 운동은 교회 안에 어떤 새로움을 가져다 주었는지요?

우리는 거의 반세기에 걸쳐 이런 체험을 해 오고 있지만, 교회를 위해 어떻게 기여했는지를 영신적으로 재어볼 수는 없는 일인 듯합니다. 아니 생각조차 할 수 없는 일이지요. 우리 영성의 요점들을 실천하면서 충만한 복음적 교류를 이루려고 노력하는 곳에서는 '새 바람'이 인다고, '새로운 분위기'를 맛보게 된다고 말하는 이들이 많습니다. 물론 이 운동이 자신의 성소를 더 잘 생활화하면 할수록 그만큼 더 많은 일치에 대한 열망을 교회 안에 가져다 주었을 것이고, 일치에 대해 보다 민감한 반응을 보이게 했을 것이며,

여러 교회 단체들이 서로 협조할 수 있게 했으리라고 말할 수 있겠습니다.

그러나 아무도 성령께서 당신의 특은으로 이루셨고 또 이루어 가고 계시는 일의 무게와 결실을 정확히 잴 수는 없을 것입니다. 그 특은을 받은 그릇과 손이 아무리 깨어지기 쉽고 연약한 것이라 할지라도 말입니다.

큰 그물

복음의 일부를 실현한 것들은 결국 복음 그 자체보다는 늘 작고 보잘것없는 것이 아닐는지요?

사실 한 영성의 원동력, 혹은 그 실현 방법들은 단지 복음 전체의 테두리 안에서만, 그리고 복음에 관련된 모든 것들을 기초로 해서만 이해되고 생활화되어야 합니다. 이와 다른 견해를 가진다면 복음을 초라하게 축소시키게 될 것이며 치명적인 오류를 범하게 될 것입니다.

왜냐하면 복음은 마치 커다란 그물과도 같다고 말할 수 있기 때문입니다. 우리는 이 그물에 있는 12개의 고리들, 곧 우리 영성의 요점들을 손으로 잡아 들어올립니다. 12개의 고리로 그물 전체를 들어올리는 것입니다.

그러므로 우리의 영성은 복음의 정신에서 특히 강조된 부분들을 토대로 하고 있다고 말할 수 있습니다. 그러나 그것은 또한 복음 전체라고 말할 수도 있겠지요.

그런데 이것은 제 생각입니다만, 이런 일이 일어난 것은 교회가 재복음화의 필요성을 시급히 깨닫고 여러 가지 방법을 동원하게 될 때를 대비하여 성령께서 미리 몇 개의 도구들을 준비하셨기 때문인 듯합니다. 때가 되었을 때 쓰일 수 있게 하기 위해서 말입니다. 이 도구들 중에 하나가 우리의 영성이라고 말할 수 있을 것 같습니다.

이 12개의 고리는 어떤 것들인가요?

그것들의 제목만 말씀드린다면 사랑이신 하느님, 하느님의 뜻, 형제에 대한 사랑, 예수님의 새 계명, 일치, 우리 가운데 계신 예수님, 십자가에 못 박히고 버림받으신 예수님, 생활 말씀, 예수 성체, 성모 마리아, 교회 그리고 성령입니다.

만화경(萬華鏡)을 흔들어 놓은 셈이에요

당신이 말씀하시는 것들은 그리스도인이라면 누구나 다 자연스럽게 지녀야 할 특성들이 아닌가요? 복음을 모두 생활화하려 한다 해서 반드시 포콜라리노가 되어야 할까요?

이런 체험을 하기 시작하던 처음 몇 달 동안 우리는 우리가 '깨닫고 있던' 것들이 이미 교회 안에서 생활화되고 있다고 확신했었습니다. 모든 것이 너무도 '그리스도적'이고, 너무도 '복음적'이며, 너무도 교회의 생각과 같은 것이어서 그것들이 그리스도교의 공동재산이 아니라는 생각은 전혀 할 수 없었기 때문입니다.

한참 후에야 우리는 우리가 새로움을 가져오고 있으며, 현존하는 틀에서 벗어난 생활 방식을 제시하고 있다는 사실을 알아차리고 매우 놀랐습니다.

물론 우리가 생활하고 있는 것 안에는 새로운 것이 없습니다. 왜냐하면 우리는 복음에 기록된 오랜 진리들을 생활화할 뿐이기 때문입니다. 새로운 것은 이 진리들이 한데 어우러질 때 드러납니다. 이 진리들이 그려 내는 그림이 다른 것입니다. 성령께서 일러 주시는 그 자리에서, 그리고 시대의 요구에 부응하는 측면에서 이 진리들을 바라볼 때, 특히 생활화할 때 새로운 그림이 그려지는 것이지요. 우리 중 어떤 사람이 이런 비유를 들었습니다. 성령께서 참행복, 덕행, 권고 등 복음적 진리들이 들어 있는 거룩한 만화경(萬華鏡)을 스승다운 힘으로 세게 흔든 다음, 이것을 인류에게 내어주신 것이라 할 수 있을 것입니다. 모든 특은은 모든 사람을 위한 것입니다. 이 특은은 새로 그려진 그림으로서 이 시대 사람들의 마음을 이끌고 영감을 줄 수 있는 것이지요.

서로간의 사랑, 일치를 실천함으로써 인간들 사이에 그리스도께서 현존하실 수 있도록 하려면 포콜라리노가 되어야 하느냐고 물으셨지요. 그럴 필요는 없습니다. 이 모든 것이 그리스도인의 특성이기 때문입니다. 이 같은 복음적 진리들을 실천하려고 노력하지 않는 사람을 두고서는 그리스도의 추종자라 말할 수 없지요. 그러나 교회 역사상 다른 시기에도 그러했듯이, 주님께서는 순례 중인 인류에게 도움을 주고자 하셨습니다. 그리하여 포콜라레 운동을 통해 이 진리들을 강조하는 데 필요한 도구 하나를 만들어 주신 것입니다. 이 운동은 하나의 작은 선구적 체험이라고 할 수 있습니다. 하나의 살아 있는 모형입니다. 이것을 보면서 사람들은 사회 전체가 이렇게 생활할 때 세상이 어떻게 달라질 수 있는지를 알 수 있게 될 것입니다.

포콜라리노가 그저 그리스도인일 뿐이라면 다른 사람들과 구별되는 점은 무엇입니까?

프란치스코회 수사, 도미니코회 수사, 가르멜회 수사, 예수회 수사, 베네딕토회 수사들이 '그저 그리스도인일 뿐인 다른 사람들'과 구별되듯이 포콜라리노도 '그저 그리스도인일 뿐인 사람들'로부터 구별됩니다. 마치 방 하나를 촬영할 때 구석이나 문에서, 바닥이나 천장에서, 아니면 창문에서 찍을 수 있으며, 어디서 찍든 언제나 그 방의 사진이듯이 그리스도교 정신도 여러 관점에서 바라볼 수 있습니다. 즉 프란치스코회 수사들은 가난이라는 관점에서 바라보았고, 예수의 테레사와 십자가의 요한 성인은 기도의 관점에서 바라보았고, 중세의 많은 영성들은 고행의 관점에서 바라보았고, 베네딕토회 회원들은 기도와 노동의 관점에서 바라보았습니다.

우리 운동에서는 그리스도교 정신을 일치의 관점에서 바라봅니다.

금세기에 이탈리아에서 태어난 운동으로서 전세계에 알려진 것은 포콜라레 운동뿐입니다. 그 원인이 어디에 있다고 생각하시는지요?

저는 자주 이런 질문을 받습니다. 외부에서 보기에는 전혀 이해되지 않는 현상이기 때문이지요. 저는 늘 두 가지 근본적인 동기를 들면서 이 질문에 답하곤 합니다. 이 두 가지 동기가 포콜라레 운동이 세계적인 규모에 도달하도록 도왔다고 생각하기 때문입니다.

첫번째 동기는 우리가 교회의 교계와 일치되어 있다는 점입니다. 우리는 "너희의 말을 듣는 사람은 나의 말을 듣는 사람이고…"[1]라 하신 예수님의 말씀을 따라 교회 안에 깊이 들어가 있습니다. 머리이신 그리스도를 대신하는 교회의 교계와 일치되어 있을 때 그리스도인들은 나무에 붙어 있는 가지와 같아지며 따라서 은총이 매우 풍부하게 흘러들게 되지요.

두 번째 동기는 우리가 예수님의 이름으로 하나가 되어 있다는 것입니다. 그리스도인들 사이에 일치가 이루어지면 세상이 회개하게 되는 건 다들 아는 일이지요. "…이 사람들이 모두 하나가 되게 하여 주십시오… 그러면… 세상이 믿게 될 것입니다…."[2]

당신은 여성으로서 전세계에 알려진 국제적인 운동, 즉 모든 계층과 모든 종교에 속한 사람들을 품고 있는 운동의 대표자입니다. 이는 그 유례가 없는 이상한 일이 아닌지요?

저는 성 바오로의 말씀으로 답을 대신하고 싶습니다.

"유대인이나 그리이스인이나 종이나 자유인이나 남자나 여자나 아무런 차별이 없습니다."[3] 우리는 모두 동등합니다. 이 운동을 위해 일할 때 저는 여자라는 생각이 들지 않고 그리스도의 제자라는 생각이 들 뿐입니다.

---

1) 루가 10 : 16.

2) 요한 17 : 21.

3) 갈라디아 3 : 28 참조.

추장과 여성

그렇지만 당신은 카메룬의 방과족 추장이 이 운동의 세계적 전파에 대한 이야기를 듣고 당신에게 이렇게 질문한 일이 있다고 말한 적이 있지요.

"당신은 여자입니다. 그러니 아무런 가치도 없는 사람입니다. 그런데 어떻게 이 모든 일이 이루어졌는지 말해 주시오."

추장의 순박한 표현은 오히려 자연스럽다는 생각이 듭니다. 카메룬과는 상황이 매우 다른 지역에서도 여인이 이 같은 성공을 거둘 수 있다는 생각을 하는 사람들은 의외로 적기 때문입니다. 물론 그 추장처럼 그렇게 솔직한 표현은 사용하지 않겠지만 말입니다. 당신이 여성이라는 사실은 이 운동 안에 어떤 색채를 강조하게 되는지요?

저는 그 추장의 말을 생생히 기억하고 있습니다. 또한 그 말이 저의 마음을 조금도 상하게 하지 않았던 것도 기억합니다. 제 마음은 아주 편안했습니다. 제가 그 아프리카 추장에게 들려주고자 했던 이야기는 한 여인의 사업에 관한 것이 아니라 하느님의 사업에 관한 것임을 잘 알고 있었기 때문이지요. 여러 해가 지난 지금 이 같은 신념이 한층 더 굳어졌습니다.

그러나 하느님 편에서 보면, 다른 경우에도 그렇게 하셨듯이, 이유가 있으셔서 그분의 사업을 위해 여성을 택하셨으리라는 생각이 듭니다.

오늘날에도 교회 안에는 성모 마리아의 자리가 있음을, 성모님의 현존이 반드시 필요함을 강조하시는 듯합니다. 하느님께서 손수 성모 마리아를 선택하셨다는 그 한 가지 이유만으로도 알 수 있습니다. 저의 존재, 그리고 주님께서 제게 맡겨 주신 과제 역시 교회 안에 성모님께서 현존하심을 강조하는 데 쓰이는 도구가 되어야 한다고 말할 수 있을 것입니다.

그 외의 다른 견해들은 모두 어울리지 않는 것 같습니다. 저에게는 여성으로서의 저의 사명과 교회 및 이 운동 안에서의 제 역할이 도달할 수 없는 모범이신 분, 곧 하느님과 교회의 어머니이신 원죄 없으신 그분처럼 될 때에만 모든 것이 의미를 지니게 되니까요.

꼴찌가 첫째가 될 것입니다

그렇다면 오늘날 여성은 교회 안에서 어떤 자리를 차지하고 있나요?

오늘의 상황을 살펴보기 위해 먼저 과거의 상황을 알아보는 것이 좋을 것 같습니다. 예수의 테레사 성녀 시대로 거슬러 올라가 봅시다. '여인들 중 가장 성인다운 성인이며, 성인들 중 가장 여성다운 여인'이라 일컬어지는 그분은 여인들을 위해 정의를 구현해 달라고 주님께 청했습니다. 그분은 솔직히 이렇게 기도했습니다.

"오늘 이 시대를 바라보면 단지 여자라는 이유로 덕스럽고 굳센 마음들이 멸시받고 있는데 이것은 진정 옳은 일이 아닙니다(…). 주님, 당신께서는 이 세상의 심판관들과 같지 않고 정의로운 심판관이십니다. 이 세상의 심판관들은 하나같이 다 아담의 후손이고 인간이니, 그들이 여인의 덕 앞에서 의구심을 갖지 않게 해 주십시오."[4]

그리고 이보다 훨씬 더 우리와 가까운 시대에도 리지웨의 예수 아기의 테레사 성녀는 여성의 처지에 대해 예리한 판단을 내렸으며 "예수님께서는 하늘에서 당신의 생각이 인간들의 생각과 같지 않음을 잘 나타내 보이실 것이고 그곳에서는 꼴찌가 첫째가 될 것이다…"[5]라는 신념에서 스스로 위로를 받았다고 합니다.

저는 이 두 위대한 성인의 말씀을 인용했는데 그것은 오늘의 상황이 얼마나 달라지고 있는지를 강조하기 위해서입니다. 그렇습니다. 과거에 비하면 지금은 상황이 훨씬 더 나아졌다고 말할 수 있을 것입니다.

여론이 포콜라레에 대해 잘 알고 있으며 객관적인 의견을 가지고 있다고 보시는지요? 편견을 가진 사람을 만난 적은 없나요?

전에는, 특히 이 운동이 잘 알려지지 않았을 때에는 자주 이런 부딪침이 일어나곤 했습니다. 그러나 일단 사람들이 이 운동에 대해 잘 알게 된 다음에는 근거 없는 편견을 지니거나 비난을 하는 일이 거의 없습니다. 어쨌든 무척 단순하면서도 광범위한 이 사업회에 대해 바르고 충분한 설명을 해야 할 필요가 있다는 사실을 저는 알게 되었습니다. 물론 그렇게 하는 것이 쉬운 일은 아니지요.

이 사업회의 영성은 분명히 정의될 수 있지만, 신학의 틀 안에

---

4) 예수의 성녀 테레사, *Cammino di perfezione, Autografo di*(El Escorial, 1565), 초판.

5) 예수 아기의 성녀 테레사, *Scritto Autobiografico* A, 184항, in *Gli scritti*(로마 : Postulazione generale dei carmelitani scalzi, 1970), 185～186면.

넣는 데에는 어려움이 많습니다. 조직면에서는 여러 개의 가지로 나누어져 있으므로 잘 묘사될 수 있지만 일치와 복합적인 여러 측면에서 그것을 이해하기란 쉬운 일이 아닙니다.

저는 이 사업회의 영성이 교회의 본질과 모습을 나누어 받고 있다고 생각합니다. 또한 교회의 신비도 나누어 받고 있다는 점을 감안해야 합니다. 우리는 그렇다고 봅니다.

교회가 그러하듯이 이 사업회도 성삼위의 신비를 나누어 받고 있습니다. "성부와 성자와 성령의 일치로부터 태어난 백성이"[6] 곧 보편적 교회라고 치프리아노(Cipriano) 성인은 말했습니다. 우리가 성령과 더불어 이 사업회를 이루어 가고 있는 동안 성령께서는 언제나 우리를 삼위이시며 일체이신 하느님을 바라보도록 인도해 주셨습니다.

등경 위에 올려놓은 등불

템플턴 상은 당신에게 어떤 의미를 지니는 것인지요?

제가 템플턴 상을 받게 된다는 소식을 듣게 되었을 때 저는 놀랐습니다. 저는 '뭐라고? 종교 분야에서 해야 할 일을 했다고 해서 나에게 상을 준다고? 혹시 보상을 기대할 수 있다 하더라도 오로지 천국, 즉 영원한 생명만을 기대해야 하는 것이 아닌가?' 라고 자문했습니다.

그때 제게 또 한 가지 생각이 떠올랐습니다. '나에게 상을 주는

---

6) 치프리아노 성인, *De Orat. Dom.*, 23.

것이 아니고 하느님의 사업에 대해 주는 것이다.' "등불을 켜서 됫박으로 덮어 두는 사람은 없다. 누구나 등경 위에 얹어 둔다. 그래야 집 안에 있는 사람들을 다 밝게 비출 수 있지 않겠느냐? 너희도 이와 같이 너희의 빛을 사람들 앞에 비추어 그들이 너희의 착한 행실을 보고 하늘에 계신 아버지를 찬양하게 하여라."[7] 저는 이런 결론을 내렸습니다. '사실 내가 이런 것을 원한 건 아니다. 갑자기 이런 일이 생겼고, 아마도 여기에는 어떤 하느님의 계획이 있을는지도 모른다.'

실제로 런던의 길드홀(Guildhall)에서 연설을 마쳤을 때, 저는 강한 인상을 받았습니다. 그곳에 있던 사람들이 비록 다른 종교를 가지고 있었음에도 불구하고 모두 하나가 된 것 같았습니다. 그래서 저는 이렇게 자문했습니다. '어떻게 이런 일이 일어날 수 있을까? 거의 모두가 하느님을 믿고 있었기 때문에 하느님께서 그 순간 우리 모두를 감싸 주신 것일까?' 그리고 제가 홀을 나왔을 때 제일 먼저 다가와서 인사를 한 사람들은 바로 다른 종교 신자들이었습니다. 예를 들면 티베트의 한 스님은 인도에 있는 달라이 라마에게 편지를 보내어 즉시 저와 연락을 취하도록 건의하겠다고 말했습니다. 그 다음에는 유대교인 네 사람이 기쁜 얼굴로 '따지고 보면 신약의 뿌리는 구약'이라고 말했습니다. 이 운동 역시 구약에서 태어나 발전한 것이라고 말하려는 듯했습니다. 그 다음에는 **시크교** 신자들, 힌두교 신자들이 제게 와서 인사했습니다.

저는 이를 계기로 우리 운동이 새로운 분야에로 문을 열게 됨을 직감했습니다. 이제부터 우리는 다른 그리스도 교회나 공동체뿐 아

---

7) 마태오 5 : 15~16.

시크교(Sikh) : 16세기에 일어난 힌두교의 한 종파.

니라 다른 종교를 가지고 있는 이 형제들에게도 우리의 정신, 우리의 사랑, 우리의 생활을 전해야 할 것이라는 생각이 들었습니다.

당신은 이 같은 명성을 어떻게 받아들였습니까? 당신의 이름이 일반에게 알려지고 당신의 사업회가 그리스도 교회 밖으로도 알려지고 있음을 보고 무엇을 느끼셨는지요?

모든 것이 너무나 자연스럽고 서서히 진전되었기 때문에 그런 것은 전혀 문제 되지 않았습니다. 명성이라는 단어 자체가 제게는 낯선 것입니다. 말씀드린 바와 같이 이것은 한 개인의 일이 아니고 하느님의 사업에 관한 것이니까요.

'타네타와 부제타'(Taneta e buseta)

한편으로는 이 운동이 전세계에 알려져 있지만 다른 한편으로는 거의 그늘에 가려져 있다고도 하겠습니다. 일반적으로 언론 매체는 이 운동을 등한시하고 있습니다. 다른 그룹들에 대한 광고는 많이 나돌고 있는데 이 운동에 대한 장면은 거의 눈에 띄지 않아요.

예를 들면, '친교와 해방'(Comunione e Liberazione)이라는 운동은 토론의 대상이 되기도 하고 또한 많은 활동을 하고 있기 때문에 결국은 언제나 신문 지상에 나타나곤 하지요. 저는 포콜라리노들이 자신을 드러내기보다는 모습을 감춘다고 말하고 싶은데, 그것은 여러분의 선택에 의한 것인가요, 아니면 평신도들이 교회 안에서 일어나는 일들에 대해 무관심한 데서 오는 것인가요?

그것은 우리의 선택에 의한 것입니다. 역사적으로 보면 그것도 역시 이 운동 초창기 때로 거슬러 올라가며, 통신 매체 시대가 열렸음에도 불구하고 그 선택이 바뀐 적은 없었습니다. 저는 성인(聖人) 사제, 조반니 칼라브리아(don Giovanni Calabria) 신부님의 말씀에 큰 감명을 받았던 일을 기억하는데, 그분은 이제 성인들의 반열에 드신 분으로 베로나 방언으로 이렇게 말씀하시곤 했습니다.

'타네타와 부제타' (Taneta e Buseta). 이것을 번역하기는 어렵지만 '겸손과 숨은 삶' 을 뜻합니다. 즉 앞에 나서지 않는 것, 요란스럽지 않은 것을 뜻합니다. 그것은 신중하라는 충고였는데 우리 운동의 초창기 상황에도 적용되는 것이었습니다. 막 태어나고 있던 이 운동은 아주 색다르게 여겨질 수 있었으며, 당시의 일반적인 신앙 생활과 전혀 다르다고 볼 수도 있었으니까요.

지금도 우리는 그 같은 태도를 버리지 말아야 한다고 생각합니다. 그것은 성덕을 향해 나아가고자 노력하는 모든 사람들에게 적합한 태도라고 생각됩니다.

그렇다고 해서 통신 매체를 배격하는 것은 절대 아닙니다. 우리 역시 이 운동의 내부에서 회원 양성과 현대화 연수를 위해 모든 최신의 오디오와 비디오를 활용하고 있지요.

최근에 열린 젠 축제(젊은이들의 모임으로서 5년에 한 번씩 로마의 에우르 체육관에서 열리고 있는 이 행사) 때, 우리는 이탈리아 국영 방송인 '라이'(RAI)의 제1텔레비전 요청에 따라 그 실황을 위성으로 전세계에 중계 방송했습니다. 마침 올림푸스 위성이 아직 실험 단계에 있었기 때문입니다. 우리는 이를 하느님의 선물이라고 생각했는데 우리의 힘만으로는 결코 네 시간 동안 위성 중계를 할 수 없었기 때문이지요. 그래서 유럽과 남북 아메리카 등 무척 먼 지역까지 직접 연결되어 수십만의 젊은이들이 젠의 축제에 참여할 수 있었습니다.

그러니 통신 매체의 활용을 금하는 것이 아닙니다. 그러나 사람들과의 직접적인 관계가 그리스도의 메시지를 전파하는 데 적용될 수 있는 합당한 방법이라는 신념이 우리들 마음속에 깊이 깔려 있답니다. 즉 이웃을 사랑하는 것, 생활로써 증거하는 것입니다.

끼아라 자신에 대해서도 같은 말을 할 수 있겠습니다. 당신은 이 운동 안에서 흠모의 대상이 되고 있지만, 밖에서는 조금밖에 알려지지 않았죠. 이 점을 어떻게 설명해야 할까요?

흠모라고요? 아닙니다. 그보다는 사랑받고 있다고, 아니, 무척 많은 사랑을 받고 있다고 해야겠지요. 외부에서 저에 대해 잘 알지 못하는 것은 제가 그렇게 되는 것을 혐오하거나 공적인 생활을 피하기 때문이 아닙니다. 저의 전기(傳記)가 이미 나와 있고, 제가 누구인지, 무슨 생각을 하고 있는지를 투명하게 보여 주는 일기나 영신 서적들도 출판되어 있습니다.

저는 이미 10여 년 전부터 저의 영신적 체험담을 여러 대륙의 그리스도교 신자, 불교 신자, 이슬람교 신자 등 수많은 청중들 앞에서 이야기해 왔습니다. 저는 인터뷰라든지 대중 앞에서의 연설이라든지에 대한 초청을 많이 받게 되는데 이것을 모두 받아들일 수 있는 입장이 못 됩니다. 육체적으로도 이 모든 것을 다 할 수 없기 때문입니다.

그리고 제게는 우리의 길이 나자렛 가정의 발자취를 따르는 것이라는 매우 확고한 신념이 있는데, 나자렛 가정에 대해서 우리가 알고 있는 것은 단지 노동과 침묵의 면입니다. 예수님의 일생을 두고 보더라도, 그분께서는 30년간을 사람들 눈에 띄지 않게 사시다가 단지 3년 동안만 설교에 할애하셨을 뿐입니다. 이것은 그분의 지상에서의 삶의 10분의 1에 불과하지요.

성모님을 생각해 보아도 그렇습니다. 그분께서는 모든 것을 마음속에 깊이 새겨 간직하고 살아가신 분이셨기에 환한 카메라의 조명이나 지나친 치장은 그다지 좋아하지 않으셨으리라는 생각이 듭니다.

끼아라, 키아레타, 키아렐라

많은 포콜라리노들이 자신의 딸들에게 끼아라, 키아레타, 키아렐라라는 이름을 주곤 합니다. 이 같은 애정 어린 헌심이 당신의 마음을 어지럽히지는 않는지요?

전혀 그렇지 않다고 말씀드리고 싶군요. 사실, 이제 와서는 저의 이름이 이미 한 사람을 기억하게 한다기보다는 빛으로 가득한, 매우 분명한 하나의 영성을 기억하게 한다는 생각이 들기 때문입니다. 그러므로 이같이 애정 어린, 열정적인 표현은 우리의 커다란 이 카리스마를 두고 한 것이라고 느낍니다.

당신을 만나본 사람들은 당신의 세련된 옷차림을 보고 놀라워하는 경우가 아주 많은 것으로 알고 있습니다. 이런 사실을 알고 계시지요? 교회 운동의 창설자이니 수도복까지는 아니라 할지라도 최소

키아레타, 키아렐라 : '작은 끼아라' 라는 뜻임.

한 회색과 같이 어두운 색깔의 옷 정도는 입어야 한다고 생각하는 사람들에 대한 당신의 반응은 어떤 것입니까?

교회 안에 태어난 모든 무게 있는 영성들이 그 회원들의 옷이나 집, 그리고 실내 장식에 영향을 끼쳤습니다. 몇 가지 예를 들어 보면 바로 그것을 알 수 있을 것입니다. 가난의 정신을 따르는 프란치스코회는 조촐한 성당이나 목재 성당을 많이 지었고 매우 검소한 수도복을 입고 있었으며, 기도와 노동을 강조하는 베네딕토회의 영성은 작은 농촌 한가운데에 커다란 수도원을 짓게 했지요.

우리의 영성 역시 이 운동 회원들의 옷과 집에 영향을 끼치고 있습니다. 우리의 영성은 일치라는 단어로 요약되며, 따라서 형제들을 대하는 우리의 태도는 그들과 하나가 되는 것입니다.

우리는 사람들과 하나가 되라는 부르심을 받았습니다. 그리고 우리가 살며 일하는 주위 환경과도 하나가 되어야 합니다.

남녀 포콜라리노들 중에는 인도, 도쿄, 멜버른, 브라질의 모캄보스에서 살며 일하는 사람들이 있고, 필리핀의 슬럼가에서 생활하는 사람들도 있습니다. 유럽 여러 도시의 현대식 사무실에서 일하는 사람들도 있고, 아무것도 가진 것이 없는 아프리카 사람들 사이에서 생활하는 사람들도 있습니다. 한 그룹의 포콜라리노들은 유엔 본부에서 활약하고 있고 또 한 그룹의 포콜라리노들은 바티칸의 여러 부서에서 일하고 있습니다. 그런가 하면 어떤 사람들은 가사일을 돌보고, 어떤 사람들은 병원이나 학교에서 일합니다. 또한 자주 대중 앞에서 연설을 하거나 사회적 조건이 다양한 수천 명을 상대로 모임이나 대회를 열어야 하는 사람들도 있습니다. 그리고 어떤 사람들은 종교계나 정치계 인사들을 자주 접해야 하는 경우도 있습니다. 그러므로 각자는 자신이 처해 있는 환경에 맞게 살아

가야 하며 그가 자주 만나게 되는 사람들처럼 옷을 입어야 합니다.

조화로운 의상

그런데 이 운동의 모든 회원들이 공통으로 따라야 하는 원칙이 하나 있습니다. 조화롭게 옷을 입어야 한다는 것입니다.

우리는 늘 하나의 신념을 지녀 왔습니다. 하느님께서는 오로지 선하시며 거룩하시고 진실하실 뿐 아니라 아름다우시다는 것입니다. 우리는 이 같은 측면에서도 그분을 증거해야 하는데 특히 이 운동의 목적을 달성하기 위해 더욱 그러합니다. 실로 일치란 고도의 조화를, 질서를, 아름다움을 의미하는 것입니다. 이 모든 것을 확인해 주는 포콜라리노들의 규칙에는 이렇게 적혀 있습니다.

"개인의 의상에 관한 한 포콜라리노들은 늘 검소하고 단순하면서도 품위 있고 고상하게 옷을 입을 것이다. 일반인들의 관습에 따름으로써 같은 사회적 조건에 놓인 다른 사람들과 구별되는 점이 없도록 할 것이다. 그들은 흔히 교회와 맞서는 비신자들 사이에 머물게 될 것이므로, 이 운동의 특수 목적을 기억하면서 그리스도교의 진리와 선함만을 보여줄 것이 아니라 자신의 외양으로써 조화로움도 보여 주어야 할 것이다."

이 사업회의 일반 회칙은 이 운동의 모든 회원들에게 적용되는 것인데, 거기에는 다음과 같은 구절이 첨부되어 있습니다.

"포콜라리노들은(…) '들꽃이 어떻게 자라는가 살펴보아라. 그것들은 수고도 하지 않고 길쌈도 하지 않는다. 그러나 온갖 영화를 누린 솔로몬도 이 꽃 한 송이만큼 화려하게 차려 입지 못하였다'[8)]라고 하신 그리스도의 말씀을 기억할 것이다."

아직은 이와 같은 몇몇 복음의 말씀들이 빛을 충분히 발하지 못하고 있는 듯합니다. 그러나 하느님께서 그 말씀을 생활하도록 우리를 부르실 때에는 그 말씀을 살아야 하지요.

"포콜라리노들은 멀리서도 알아볼 수 있다"고 요한 바오로 2세 교황님이 말씀하셨지요. 포콜라리노들의 웃음과 미소는 독특한 것입니다. 여러분을 잘 모르고 있는 몇몇 사람들로부터 저는 이런 말을 들은 적이 있습니다. "포콜라리노들에게는 무슨 웃을 일이 그렇게도 많을까?"

예수님께서는 유언을 하시면서 가득한 기쁨을 약속하셨습니다. 이것은 그분의 선물이며 이것이 얼굴에서도 나타나는 것입니다. 때로는 이것이 사람들의 마음에 들지 않을 수도 있을 것이며, 우리가 부적당한 순간에 실수로 그렇게 하는 때도 있을 것입니다. 그렇지만 미소가 포콜라리노들의 제복인 것만은 사실입니다.

당신이 제일 좋아하는 복음의 구절은 무엇인지요? 제일 아끼는 축일은 언제이며, 가장 사랑하는 성인은 누구인지요?

제가, 우리가 제일 좋아하는 복음 구절은 예수님의 유언이 적혀있는 요한 복음 17장입니다. 그분께서 마지막 만찬을 마치시고 드리신 기도가 여기에 나옵니다.

---

8) 마태오 6 : 28~29.

가장 아끼는 축일이 언제냐고요? 모든 축일을, 전례상 중요한 모든 축일을 다 아낍니다.

제가 가장 사랑하는 성인은, 성인들 중의 성인이신 십자가에 못 박혀 돌아가시고 부활하시어 우리 가운데 현존하시는 예수님이십니다.

제2부

트렌토의 여교사

끼아라는 누구인가?

끼아라, 당신의 운동에 대해서는 많이 알고들 있지만 당신에 대해서는 너무 모르는 것이 많습니다. 당신에 대해 알고 싶군요. 당신은 어떤 환경에서 태어났는지요? 당신의 어린 시절에는 트렌토가 어떤 상황에 놓여 있었나요?

저에 대해서 조금밖에 모른다고요….

이 질문에 답하기 전에 한 가지 솔직히 말하고 싶은 것이 있습니다. 제가 이런 질문에 답해야 할 때는 왠지 거북스럽습니다. 사실 제가 무언가를 받았고, 그것이 어떤 의미를 지니고 있다면 이는 하나의 사업을, 하느님의 사업을 건설하기 위해 보잘것없고 불충한 도구가 되었다는 것뿐일 것입니다. 그리고 일단 하나의 사업이 완성된 다음에는 도구가 아니라 그 사업을 바라보게 되지요. 마치 미

트렌토 시 전경

술가의 그림을 감상할 때 거기에 사용된 붓이 아니라 그림에 관심을 집중시키는 것과도 같습니다. 또한 그리스도교 정신은 자기 자신이 아니고 하느님과 다른 사람들을 바라보라고 가르치고 있습니다. 우리는 이 노선을 따르려고 노력해 왔습니다. 저 개인에 대한 이야기는 그다지 유익한 것이 못 되며, 또한 노선을 벗어나는 일이 될 것도 같습니다. 그러나 원하신다면 답을 하겠습니다.

저에 관해 물으셨지요? 저는 1920년, 그러니까 제1차 세계대전이 끝난 지 2년 후에 트렌토에서 태어났습니다. 어머니께서 말씀해 주셨듯이 집안에 근심거리가 별로 없는 시기였으며, 저는 차분하고 조용한 성격을 물려받았습니다.

트렌토는 로마 제국 당시 높은 산과 3개의 언덕 사이에 있는 분지에 건설된 도시로서 인구는 4만에서 5만 명 정도였습니다. 그래서 이 도시의 이름이 **트리덴툼**이 되었지요. 시민들은 부지런하고 조용했으며 질서를 잘 지켰습니다. 그들은 몇 개뿐인 중요한 유적들을 자랑스럽게 여기고 있었습니다. 즉 15세기에 건축되었으며 이탈리아의 가장 아름다운 광장 중의 하나와 연결되어 있는 주교좌 성당에 대해 그러했고, 탑들과 부온 콘실리오(Buon Consiglio)의 성에 대해 그러했습니다. 지금도 그렇지만 당시에도 이 도시의 이름을 붙인 트리엔트 공의회를 기억하곤 했습니다. 성 마리아 대성당에는 당시 이 공의회가 어떠했는지를 보여 주는 커다란 그림이 있는데, 저는 여기서 실비아라는 이름으로 세례를 받았습니다.

아버지는 사회주의자…

당신의 가족은 누구누구였는지요?

아버지 성함은 루이지, 어머니 성함은 루이자였는데 두 분은 인쇄소에서 일하시던 중 만나게 되셨어요. 아버지는 편집인이셨고 어머니는 《백성》이라는 일간지의 식자공이셨습니다. 이 신문은 트렌토 사회주의자들의 신문이었고 어머니께서 매우 존경하시던 체사레 바티스티(Cesare Battisti) 씨가 발행하고 있었지요. 어머니는 매일 아침 미사에 참례한 후 미사 경본을 들고 출근하셨는데 그것을 책상 위에 놓아 두곤 하셨습니다. 어머니는 이렇게 말씀하시곤 했습니다. "바티스티 씨는 한 번도 '그 책을 치우라'고 말씀하신 적이 없었단다. 단 한 번도. 그분은 언제나 나의 신앙을 존중해 주셨

트리덴툼(Tridentum) : 라틴어로 '3개의 언덕'을 뜻함.

어."

어머니는 매우 독실한 신자이셨습니다. 매일 미사에 참례하셔서 영성체를 했을 뿐 아니라 기도 생활도 매우 충실히 하셨습니다. 그분은 94세에 돌아가셨는데 60년간 매달 한 번씩 폼페이의 성모님께 드리는 기도 시간을 소홀히 하신 적이 없었습니다.

어머니는 명석하셨고 강하면서도 매우 섬세한 성품을 지니셨습니다.

우리 집이 경제적으로 넉넉하던 시절에는 자주 그분의 노랫소리가 들리곤 했지요. 집안이 가난해지자 무엇보다도 우리 아들딸들을 제대로 교육시킬 수 없는 점을 마음 아파하셨습니다.

아버지는 사회주의자이셨으며 처음에는 성당에 잘 나가지 않으셨습니다. 그 후 자녀들의 영향을 받아 다시 교회로 돌아오게 되셨지요. 파시즘에 굴복하지 않기 위해 가난을 감수하셔야 했고, 그분을 따라 우리도 모두 가난하게 살아야 했습니다. 제1차 세계대전이 끝난 다음 그분은 포도 장사를 시작하셨지만 경제 공황으로 사업이 실패로 돌아가자 1930년에는 일을 그만두셨습니다. 그 후 오랜 세월, 무직자 생활을 하셨지요. 전쟁이 일어나기 전, 아버지는 무솔리니(Mussolini)를 알게 되셨는데 그는 당시 트렌토에 와서 살면서 바티스티 씨의 신문사 편집장을 지냈고 우리 이웃에서 살았습니다. 아버지에게 "그를 알고 있으니 다행이에요. 한번 도움을 청해 보세요"라고 건의하는 사람들이 여럿 있었지만, 아버지는 절대로 **파시스트 당원증**을 받으려고 하지 않으셨으므로 이런 제의는 듣지도 않으셨습니다. 그 당시 우리는 파시스트의 토요 집회에 교복을 입고 나가야 했는데 그때에도 어머니가 아버지 몰래 보내 주시곤 했지

파시스트 당원증 : 이 당원증이 있어야 직장을 구할 수 있었음.

요.

아버지는 너그러우시고 생각이 깊은 분이셨습니다. 저를 무척 사랑하셨고 이해해 주셨습니다.

…오빠는 공산주의자

우리는 맏아들인 지노 오빠, 그 다음이 저였고 릴리아나와 카를라 이렇게 4남매입니다. 우리는 서로 매우 사이가 좋았고 지금도 여전합니다. 릴리아나는 상원 의원과 결혼하여 트렌토에 살고 있으며 다섯 자녀를 두고 있습니다. 그는 초창기부터 이 운동을 따랐습니다. 카를라는 지금은 정년 퇴직한 해군 장교와 결혼했으며 로마에 살고 있습니다. 3명의 자녀가 있고 늘 저와 가깝게 지내 왔습니다. 그래서 저에게는 조카들과 그들 자녀들이 아주 많지요. 물론 정도의 차이는 있지만 저는 그들 모두와 매우 좋은 관계를 맺고 있습니다. 로마에 있는 친척들과는 일 년에 적어도 두 번씩은 만나고 있는데 그때마다 커다란 잔치가 벌어지곤 합니다.

저는 언제나 오빠의 명석함을 부러워하곤 했습니다. 오빠는 어려서부터 매우 너그러운 성품을 소유하고 있었습니다.

하루는 우리가 집안에서 너무 시끄럽게 소란을 피운 일이 있었습니다. 어머니는 벌을 주기 위해 아버지가 돌아오실 때만 기다리고 계셨지요. 아버지는 우리를 나이에 따라 차례로 줄을 세우셨습니다. 먼저 지노 오빠, 저, 그 다음이 릴리아나 그리고 카를라였습니다. 아버지는 한 사람씩 차례대로 뺨을 때리셨습니다. 우선 오빠가 한 대 맞았고 그 다음이 제 차례였습니다. 그런데 오빠가 아버지를 가로막으면서 말했습니다. "실비아는 안 돼요. 저를 때리세요."

오빠는 가리발디(Garibaldi) 대원으로 레지스탕스 운동을 했고 공산주의 사상을 신봉하고 있었습니다. 지금 와서 생각하면, 무엇보다도 가난한 사람들과 억압받는 사람들에 대한 사랑에서 혁명에 매력을 느꼈던 그런 공산주의자였습니다. 트렌토의 성녀 클라라 병원에서 의사로 근무하던 당시, 오빠는 가난한 사람들에게 자주 자기가 가지고 있던 것들을 나누어 주곤 했습니다. 그 후 그는 신문기자가 되어 트렌토 일간지 《국가 해방》(CLN)의 공동 사장으로 일했고, 그 후 밀라노의 '일치' (UNITÀ)사에서 근무했습니다.

그로부터 몇 년 후, 오빠는 로마로 왔는데 1956년에 있었던 헝가리 사태로 자신이 지녔던 신념이 무너져 내리면서 위기에 처했던 모양입니다. 그 이후로는 기자로서의 경험을 우리 운동을 위해 활용했고 많은 도움을 주었습니다. 오빠의 도움으로 우리의 잡지, **《치타 누오바》**가 태어나게 되었으며 그는 지금도 이를 위해 협조하고 있습니다. 우리 오빠로 인해 제가 한 가지 중요한 사실을 깨닫게 된 일이 있습니다. 전쟁 중 트렌토에 심한 폭격이 있은 후 저는 집으로 돌아오고 있었습니다. 여기저기 건물이 무너지고 나무가 뿌리째 뽑혀 있는 것을 보았습니다. 저는 잠시 성녀 클라라 병원에 들러 오빠를 만났습니다. 그날 병동 하나가 폭격을 당해 그곳에 입원해 있던 여자 환자들이 모두 사망했습니다. 오빠는 저에게 그 처참한 광경을 보여 주면서 말했습니다.

"봐라, 모든 것이 허무하다…."

그 말은 제가 생각하고 있던 것을 강조해 주었으며 삶에 대한 저

치타 누오바(Città Nuova) : 이탈리아어로 '새 도시' 라는 뜻. 포콜라레에서 발행하는 잡지로 이탈리아 판이다. 격주 발행.

의 선택이 옳았음을 확인해 주는 것이었습니다.

당신이 가장 어렸을 때의 기억 중 제일 추억에 남는 것이 있다면 어떤 것입니까?

서너 살 때 있었던 일이라 기억됩니다. 여름이면 우리 가족은 산에서 휴가를 보내곤 했습니다. 건초가 가득 쌓인 오두막집에서 잠을 잔 후 아침이 되면, 우리 형제들은 집 아래에 있는 샘터로 가서 차가운 물로 세수를 했지요. 그 다음에는 웃옷을 입지도 않은 채 경사진 들판으로 가서 작은 나무 널빤지에 올라앉아 미끄럼을 타곤 했습니다. 자연, 미풍, 달음질 등은 행복감과 자유로움을 느끼게 해 주었는데 지금도 그때를 기억하고 있습니다.

실비아라는 이름의 어린이

실비아는 어떤 어린이였나요? 활발했나요, 아니면 내성적이었나요? 명랑했나요, 조용했나요? 감수성이 예민했나요, 아니면 의지가 확고했나요? 혹은 또 다른 특성을 지닌 아이였나요?

잘 모르겠어요. 여기에 대해서는 다른 사람들이 말해 주어야 할 것 같습니다. 저는 오히려 사색적이고 솔직한 편이었다고 생각됩니다. 인형을 좋아하지 않았는데 아마도 그것은 실물이 아니었기 때문인 듯합니다. 동화도 좋아하지 않았지요. 저는 진실을 원했습니다. 어린아이의 작은 결점들을 그대로 지닌 채 말입니다. 어머니는

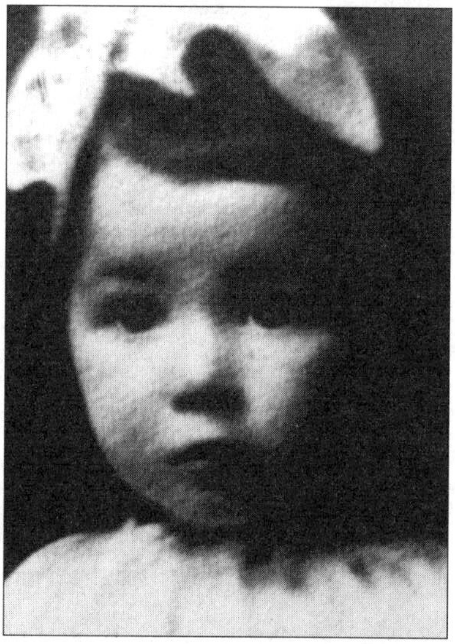
어린 시절의 끼아라 루빅

가끔 집안일을 많이 돕지 않는다고 저를 가볍게 나무라시곤 했습니다. 저는 언제나 더 가치가 있다고 생각되는 것들을 선택하곤 했는데 당시에는 그것이 공부를 하는 것이라고 믿고 있었습니다.

당신이 어렸을 때 가장 먼저 받은 교육과 이에 따른 경험은 어떤 것인지요?

우리 집은 화목한 가정이었으므로 그것은 분명 매우 중요한 교육적 요소가 되었다고 할 수 있습니다. 신앙의 측면에서는 트렌토의 '아기 마리아회' 수녀님들로부터 교리를 배웠는데 이것은 후에 저의 신앙 생활에 결정적인 영향을 주었습니다.

그 당시 저의 생활은 아름다웠던 것으로 기억합니다. 저는 우리 종교의 진리를 기쁘게 배우고 있었으며 그 진리를 사랑했습니다.

이것이 후에 제가 세우게 된 '마리아 사업회'라는 건물의 기초가 되었지요.

제가 10살 때 앓았던 복막염 역시 제게 교훈을 주었습니다. 저를 수술한 의사가 말했듯이, 당시로서는 천 명 중 한 명만이 목숨을 구할 수 있었습니다. 그런데 저는 바로 그 수녀님들과 부모님의 기도 덕분에 병이 나았습니다. 그때부터 저는 이 세상에는 고통이 있음을 알게 되었고 사랑을 위해 그 고통을 참을 수 있다는 것도 알게 되었지요.

부모님 중 어느 분이 당신의 교육에 더 많은 영향을 끼치셨는지요?

잘은 모르지만 두 분 다였다고 생각합니다. 어머니로부터는 굳은 신앙과 바른 도덕심을 물려받았습니다. 아버지로부터는 말과 행동이 일치된 생활 태도를 배웠지요. 두 분 모두로부터 다른 많은 것들도 배웠습니다.

한 가지 일화를 기억하고 있는데 지금 생각하면 그것은 한편으로는 미래의 저의 생활, 즉 다른 사람들에 대한 사랑의 생활, 다른 사람들을 돕기 위해 준비되어 있는 생활, 한마디로 '상대방이 되어' 생활하는 삶의 징조이며 준비였습니다. 또 한편으로 이 일화는 어머니의 정당한 엄격함도 말해 주는 것입니다.

저는 사범학교에 다니고 있었는데 하루는 우리 선생님을 대신해서 다른 수학 선생님이 오셨습니다. 우리가 모르는 분이었습니다. 저는 수학을 꽤 잘 하는 편이었습니다.

선생님께서는 문제를 내셨는데 알파벳 순서로 뒤에서부터 시작해서 이름을 부르셨습니다. 제 바로 앞 친구는 아주 걱정스러운 표정을 지어 보이면서 이렇게 말했습니다.

"나는 나가지 않을래. 무서워."

저는 그에게 속삭였습니다.

"그대로 앉아 있어. 내가 대신 나갈게."

그리고는 즉시 앞으로 나갔습니다.

저는 문제를 풀었고 90점을 받았습니다. 그런데 제자리로 돌아오다가 그 다음이 바로 제 차례라는 생각이 떠올랐습니다. 저는 그만 겁에 질리고 말았지요. 그런데 그 순간 다행히도 수업이 끝나는 종이 울렸습니다. 저는 안도의 숨을 내쉬었습니다.

집에 돌아오자마자 저는 의기양양하게 모든 것을 어머니에게 말씀드렸습니다. 어머니는 큰소리로 야단을 치셨지요.

"그런 속임수를 쓰면 어떻게 하니? 그런 거짓된 행동을 하면 안 되는 거야…."

당신은 어린 시절에 가족들 외에도 선생님이나 본당 신부님, 친척 혹은 친구 등 어떤 중요한 사람의 영향을 받은 적이 있었습니까?

특별히 기억나는 분이 한 분 계시는데 '아기 마리아회' 수녀원의 카롤리나 수녀님이십니다. 그분은 저를 매우 아껴 주셨으며 성모 마리아를 무척 사랑하셨습니다. 수녀님은 그 사랑을 우리에게 전해 주셨습니다. 그분은 성녀처럼 세상을 떠나셨습니다. 돌아가시기 얼마 전 제가 그분을 찾아갔을 때 이렇게 말씀하셨습니다.

"기억해라, 실비아. 성모님을."

그 후 저는 이 말씀을 잊은 적이 없습니다.

가난을 은총으로

실비아는 자라서 소녀가 되어 자기를 둘러싼 세상을 바라보게 됩니다. 이 시기에 기억나는 일은 무엇인지요?

우리 집은 한동안 부유하게 살다가 1930년 경제 공황 당시 경제적 파산으로 인해 비록 품위를 잃지는 않았지만 가난을 맛보게 되었다고 말씀드렸습니다. 그것은 제게 매우 큰 '은총'이었습니다. 이 운동의 초창기에 우리가 트렌토의 가난한 사람들을 찾아가기 시작했을 때, 저는 궁핍한 생활을 해본 것에 대해 하느님께 감사드렸습니다. 아니, 다른 친구들이 받지 못한 특혜를 제가 받은 것 같다는 생각을 했습니다.

가난은 특히 아버지와 어머니가 피부로 느끼셨지요. 가지신 것은 모두 우리에게 주셨습니다. 우리는 유머를 섞어 말하면서 그것들을 받곤 했습니다. 저는 13살 이후부터는 공부를 계속하면서 집에 돈을 조금이라도 가져다 드리기 위해 다른 소녀들에게 수학 등의 학습을 도와주곤 했지요.

고등학교 때는 어떤 평을 받으셨는지요? 사람들이 당신을 이해해 주었나요? 어려움이나 실망, 고통 등을 느끼지는 않았는지요? 아니면 학교에 있을 때 편하게 느꼈나요?

저에 대한 평은 좋았다고 생각합니다. 우리 친구들은 서로 사랑했으며 서로 도와주었습니다. 학교는 편안한 곳이었습니다. 철학 선생님 한 분을 제외하고는 그 어떤 선생님과도 특별한 어려움을 느끼지 않았습니다. 철학 선생님과도 별다른 어려움이 있었던 것은 아니고 그분의 강의가 매우 자극적인 것이었을 뿐입니다. 하느님께 감사드리지만 저는 비록 어렸어도 믿음이 아주 강했습니다. 선생님은 신자가 아니셨으므로 때때로 신앙에 어긋나는 말씀을 하시곤 했습니다. 그 때문에 저는 큰 고통을 느꼈고 특히 학급 친구들이 그 선생님의 말씀을 따를까 두려워서 그분의 말씀에 반기를 들곤 했습니다. 저는 그 선생님의 수업 시간만 되면 언제나 저의 생각을 말씀드리기 위해, 아니면 최소한 '그렇지 않습니다!' 라는 말이라도 하기 위해 손을 들곤 했지요. 그래도 선생님은 언제나 제게 최고 점수를 주시곤 했습니다.

몇 년 후 그분은 제게 이런 말씀을 하셨습니다.

"나는 네가 믿는 그 하느님께 기도하기 시작했단다!"

그 당시 당신은 이미 자신의 길에 대해 무언가를 직감하고 있었습니까, 아니면 미래에 대해 불확실함을 느꼈나요?

저는 크나큰 영신적 기쁨을 느끼면서 학교 친구들과 함께 가톨릭 학생회에 나가고 있었습니다. 여러 가지 모임에 참석했고, 신앙의 진리와 기도 생활에 심취했으며 이에 대해 커다란 열정을 느꼈습니다. 저는 미래에 대해서는 전혀 생각하지 않았습니다. 저의 앞날에 대해 아무것도 직감하지 못했습니다. 아마도 그 어떤 징표들이 있기는 했겠지만 분명한 것은 아니었습니다.

한번은 토마스 아퀴나스 성인 축일날, 저는 마음속에서 성덕에로의 부르심을 너무도 강하게 느낀 나머지 이에 대해 한 친구와 가

교사 시절의 끼아라 루빅(가운데)

톨릭 청년회 교사들에게 이야기했던 일이 있었습니다. 또 한번은 하느님께서 저에게 이런 질문을 하시는 것 같았습니다.

'너는 순교할 준비가 되어 있느냐?'

사범학교를 마친 후 저는 큰 고통을 겪게 되었습니다. 가톨릭 대학교에 무료 입학원서를 제출했는데 거기서 저는 하느님에 대해 많은 것을 배울 수 있으리라 믿었습니다.

저는 33등을 한 것 같았는데 정원은 30명이었습니다. 그러니 불합격이었지요. 저는 정말 실망했고 마음을 가라앉힐 수가 없었습니다. 그런데 마음속에서 누군가가 이렇게 말하는 것 같았습니다.

'내가 너의 스승이 되어 주겠다.'

당신은 평생토록 사랑을, 절대적인 초자연적 사랑에 대해 말할 것입니다. 그렇지만 세상에는 지상에서의 인간적인 사랑도 있습니다. 이 사랑이 당신의 마음을 스쳐간 일이 있는지요?

사춘기 때 멀리서 한 소년을 보고 무언가를 느낀 적이 있었습니다. 그 후 더 이상 그를 만나지 못했습니다. 이것이 전부입니다. 저의 길은 매우 일찍 시작되었고, 공부와 가톨릭 학생회 젊은이들과의 갖가지 활동과 초자연적인 것들에 몰두하고 있었기 때문에 다른 것들에 대해서는 마음을 쓸 시간이 없었습니다. 저는 온통 이런 일에 열중하고 있었습니다.

육신적 모성애를 그리워한 적이 있습니까?

아니오, 한 번도 없습니다. 하느님께서는 제게 오히려 많은 사람들을 향한 영신적 모성애를 갖게 해 주셨습니다. 그것은 비할 수 없이 큰 선물입니다.

그 후 당신은 교사가 되었고 동시에 철학도가 되었습니다. 그 몇 해 동안 어떤 사람들을 만났고, 어떤 경험들을 했으며, 어떤 시련을 겪었고, 어떻게 성숙해 갔는지 말씀해 주시겠습니까?

저는 여러 학교에서 가르쳤습니다. 트렌토의 두 마을에서는 여러 학년을 한 교실에서 가르쳤고, 그 후 트렌토의 산등성이에 있던 고아원의 어린이들을 가르쳤습니다. 저는 학생들을 사랑했고 그들의 사랑 또한 받았습니다.

트렌토에서는 일반적으로, 오후가 되면 꽤 긴 휴식 시간이 있었는데 학생들은 조용히 책상에 엎드려 잠을 청하곤 했습니다. 그때마다 저는 마치 그들의 어머니가 된 듯 아이들을 축복해 주고 싶은 마음에 그들의 미래를 염려하면서 기도하곤 했습니다. 그리고 자주 학습 내용을 놀이로 바꾸곤 했는데 그때 어린이들은 더 잘 알아듣곤 했습니다.

제가 처음 교편을 잡았던 카스텔로 도사나에서는 가톨릭 학생회도 조직했었습니다.

철학도로서는 교수님들 앞에서 치르게 되는 시험을 무척 기다리곤 했습니다. 대부분 신앙인이 아니던 그 교수님들에게 그분들이 쓴 글 안에 어떤 진리가 들어 있는지를 말해 주고 싶었고 또한 그분들에게 진리 전체를 탐구하도록 자극을 주고 싶었기 때문입니다.

새로운 영성

실비아 대신 끼아라라는 이름을 선택한 경위를 좀 말씀해 주셨으면 합니다.

트렌토에서 제가 가르치던 고아원 학교는 카푸치니 수도회 신부님들이 세운 것이었는데, 거기서 저는 성 프란치스코와 성녀 끼아라에 대해 알게 되었습니다. 그들의 삶에 매혹되었지요. 저는 프란치스코회의 제3회 회원이 되었고 그때 끼아라라는 이름을 갖게 되었습니다. 아시시의 끼아라 성녀를 좋아하게 되었는데 그분은 전기에서 읽은 바와 같이 하느님을 전적으로 선택했기 때문이었습니다.

그러나 그 후 얼마 안 되어, 주님께서는 저와 다른 사람들을 위해 하나의 새로운 영성을 준비해 두고 계시다는 사실이 뚜렷이 드러났습니다. 그것은 우리 시대에 적합한 현대적인 영성으로서 다른 영성들 곁에 나란히 자리할 뿐 아니라 그 영성들이 실현되도록 도움도 주게 될 것이었습니다.

당신이 상징적 가치를 부여하는 사건, 그로부터 모든 것이 시작된 하나의 사건이 있었다면 어떤 것인지요?

제가 어렸을 때, 역시 트렌토에서, 예수 성체 성당에 조배를 하러 갔을 때인 것 같습니다. 저는 **성광**에 모셔 놓은 예수 성체를 뚫어지게 바라보면서 말씀드리곤 했습니다.

"당신은 빛과 열을 내는 태양을 만드셨지요. 저의 두 눈을 통해 제 영혼 안에 당신의 빛과 열을 넣어 주세요."

저는 오랫동안 이렇게 기도했고 끝내는 하얀 성체가 까맣게 보이고 주변의 어두운 곳은 하얗게 보이곤 했답니다.

이별

가족, 직장, 친구 등을 떠나 새로운 모험의 생활 속으로 뛰어드는 것이 어려운 일은 아니었나요?

성광 : 가톨릭에서 성체 강복, 성체 현시 등에 성체를 보여 주는 데 쓰이는 기구.

어려웠지요. 그러나 하느님의 은총으로 그렇게 할 수 있었습니다. 전쟁 중에 일어난 일이었습니다. 어느 날 밤 우리는 집 근처에 있는 고차도로(Gocciadoro)라 불리는 숲으로 피신해야 했습니다. 트렌토는 심한 폭격을 당했고 우리 집도 피해를 입어 거기서는 더 이상 살 수 없게 되었으므로 우리는 트렌토를 떠나 피난처를 찾아 나서야 했습니다.

그러나 이미 이 운동이 서서히 태어나기 시작하고 있었으므로 저는 트렌토에 남아 있어야 한다는 느낌을 받았습니다.

'그토록 사랑하는 가족들과 어떻게 이별할 수 있을까? 갈 곳도 없는 처지에 놓였는데….'

저는 밤새껏 생각했고 별들이 빛나는 하늘 아래에서 오랫동안 울었습니다. 그런데 문득 학교에서 배웠던 비르질리오의 말이 머리에 떠올랐습니다.

'사랑은 모든 것을 이긴다!'

저는 이 말을 하느님께서 보내 주신 것으로 받아들였습니다. '모든 것, 모든 것, 모든 것. 그러니 사랑은 이 상황까지도 이길 수 있다는 말이 아닌가?' 그래서 저는 '네'라 답했습니다.

부모님은 당신의 결정을 이해하셨나요, 아니면 반대하셨나요?

아버지는 쉽게 이해하셨고 저의 생각에 찬성하셨으며 축복해 주셨지만 어머니는 반대하셨습니다. 당시로서는 저 혼자 가정 교사를 해서 돈을 좀 벌고 있었기 때문에 어머니는 늘 가족들을 돕던 제가 왜 그렇게 어려운 시기에 가족들을 떠나려 하는지 이해를 할 수가 없으셨지요.

그러나 후에는 언제나 저를 지원해 주셨고 우리 가까이에서 94세로 세상을 떠나실 때까지 편안한 여생을 보내셨습니다.

로레토의 '작은 집'에서

당신이 처음으로 새로운 영성을 직감한 것은 언제였습니까?

한번은 로레토의 성모님 성지에 가 있었습니다. 가톨릭 학생회에서 주최하는 모임에 참가하기 위해 그 도시에 갔었지요. 1939년이었습니다. 하느님께서 제게 무엇을 원하시는지 아직 모르고 있었으나 걱정하지 않았습니다.

로레토의 웅대한 성전 안에 보존되어 있는 '작은 집'으로 처음 들어섰을 때 저는 커다란 감격에 휩싸였습니다. 물론 저는 그 집에 성가정이 머물렀다는 사실이 역사적으로 입증되었는지 아닌지를 물을 겨를이 없었습니다. 저는 혼자 커다란 신비 속에 잠겨 있었습니다. 그리고, 이런 일은 일찍이 없었는데, 저는 거의 울음을 그치지 못한 채 그 안에서 일어났을 일들에 대해 묵상하기 시작했습니다. 성모 영보, 예수님, 성모 마리아, 요셉 세 분의 생활을 묵상했습니다.

저는 부러운 마음으로 벽들과 나무들을 만져 보았습니다. 요셉 성인이 지으셨을 집을 상상해 보면서 말입니다. 아기 예수님의 음성이 들려 오는 듯했습니다. 방 한가운데를 지나가는 그분의 모습을 그려 보았고 성모님의 음성과 노래가 울려 퍼졌을 그 행운의 벽들을 바라보았습니다.

친구들이 숙소에 남아 있는 동안, 저는 모임에는 빠지지 않으면서도 매일 그 '작은 집'으로 달려가곤 했습니다. 저는 거의 언제나 같은 인상을 받았는데, 마치 하느님의 특별한 은총이 저를 온통 감싸는 듯한, 거룩함의 분위기가 너무도 강하여 마치 이에 짓눌리는 듯한 깊은 감격에 잠기곤 했습니다.

그것은 관상이었습니다. 그것은 기도였고, 어느 모로 나자렛 가정의 세 분과의 공동 생활이었습니다.

가톨릭 학생회 모임은 사람들이 빽빽이 들어선 그 대성당에서 미사로 끝났습니다.

저는 온 마음을 다해서 열심히 미사를 봉헌했습니다. 그때 문득 깨달았습니다.

'나의 길을 찾았다. 많고 많은 사람들이 이 길을 따를 것이다.'

네 번째 길

누군가에게 이 사실에 대해 이야기했습니까? 누구로부터 격려와 후원을 받았는지요?

로레토에서의 일이 있은 후, 저는 기쁘게 트렌토로 돌아왔습니다. 저의 미래에 대해서는 지금 말씀드린 내용 이외의 다른 일은 일어나지 않았습니다. 어쨌든 로레토에서의 모임이 어떠했느냐고 물으시는 한 신부님께 저는 이렇게 말씀드렸습니다.

"저의 길을 찾았습니다."

"어떤 길인데요?"

그분은 계속해서 물으셨습니다.

"결혼할 건가요?"

"아니오" 하고 저는 답했습니다.

"그럼 세상에 남아 동정을 지킬 것인가요?"

"아니오."

"수녀원에 갈 건가요?"

"아니오."

로레토의 '작은 집'은 제 마음속에 무언가 신비스러운, 그러나 확실한 그 어떤 현실을 계시했던 것입니다. 그것은 네 번째의 길이었습니다. 장차 성가정을 본받아, 각기 다른 방식으로이긴 해도 모두 하느님께 일생을 봉헌하는 동정인들과 기혼자들의 공동 생활을 통해 구체화될 네 번째의 길, 곧 포콜라레였습니다.

1943년까지는 모든 것이 전과 다름없이 진행되어 갔기 때문에 저는 아무런 격려도 후원도 받을 필요가 없었습니다.

로레토 대성당 내부에 있는 '작은 집'

제3부

그 뿌리

커다란 교훈

'폭탄이 쏟아져 내리던 트렌토의 방공호 속에서…' 이 운동의 역사 이야기는 이렇게 시작됩니다. 그 당시의 상황, 공포, 주위 사람들의 고통 그리고 이 모든 것을 참고 견뎌낼 수 있게 했던 희망에 대해 듣고 싶습니다.

폭격이 있은 후, 우리 집 상황이 어떠했었는지를 알아보는 것이 좋겠군요. 아직도 집에 무언가 쓸 만한 것이 좀 남아 있을까 해서 우리는 집으로 돌아갔습니다. 거기서 저는 아버지와 어머니에게 제가 트렌토에 남기로 결심했다는 사실을 말씀드렸습니다.

그 다음날 이른 아침, 저는 산을 향해 길을 떠나는 가족들과 이별하고, 고통 중에 그러나 확신에 차서 폭격을 받은 시내를 향해 걷고 있었습니다. 길에는 아무도 없었고 나무들은 뿌리째 뽑힌 채 모든 것이 폐허가 되어 있었습니다. 저는 친구들이 아직 살아 있는지 알아보려고 그들을 찾아갔습니다. 모두 살아 있었습니다.

길에서 어떤 여인이 저를 향해 다가왔습니다. 그 여인은 미친 듯했습니다.

"우리 식구가 넷이나 죽었다."

그녀는 내 어깨를 끌어안으면서 울부짖었습니다. 그 고통 앞에서 저의 고통은 너무나 작게 여겨졌습니다. 그 순간부터 저는 다른 사람들의 고통을 생각하기로 결심했습니다.

전쟁이 계속 모든 것을 파괴하는 동안, 저는 친구들과 함께 우리의 생활에 의미를 부여하려 했습니다.

젊은이로서 우리가 지녔던 모든 이상이 무너져 갔습니다. 가정을 이루려던 사람은 약혼자가 전쟁터에서 전사했다는 슬픈 소식을 들었습니다. 학업에 열중하던 사람은 전쟁으로 길이 막혀 공부를 계속할 수 없었습니다. 멋있는 집을 지으리라 생각했던 사람은 집이 폭격에 무너져 버리는 것을 보았습니다. 그리고 또….

저마다 자신의 모든 것을 바쳐 성취하려던 것들이 놀랍게도 불확실하다는 것을 보았습니다. 그러나 동시에, 전쟁이 모든 것을 파괴하고 있었기 때문에, 우리는 하나의 커다란 교훈을 얻었습니다.

"헛되고 헛되다…."[9)]

모든 것이 사라집니다. 그러므로 그처럼 일시적인 것에 마음을 둘 수는 없는 일이었습니다.

우리는 자문(自問)해 보았습니다.

'우리의 일생을 다 바칠 수 있을 만큼 가치 있는 커다란 이상은 없을까? 사라지지 않는 이상은 없을까? 그 어떤 폭탄도 무너뜨릴

9) 전도서 1 : 2.

당시 폭격으로 폐허가 된 트렌토 시

수 없는 이상은 없을까?'

답이 떠올랐습니다.

'그렇다. 그런 이상이 있다. 그것은 하느님이시다.'

우리는 모두 함께 하느님을 우리 일생의 이상으로 삼기로 했습니다. 그리고 증오의 결실인 전쟁의 소용돌이 속에서 하느님께서는 특별한 은총으로 당신이 진정 어떤 분이신지를 우리에게 나타내 보여 주셨습니다. 그분께서는 사랑이셨습니다.

전에도 우리는 그분을 믿었으며 그분을 사랑하기 위해 노력했습니다. 그러나 그 순간 우리는 그분을 새롭게 깨달았습니다. 섬광과도 같은 것이었습니다. 알지 못했던 한 가지 진리를 깨달은 것 같은 느낌이었습니다.

곧 하느님께서는 사랑이시며 우리를 사랑하십니다. 그러므로 모든 사건, 기쁨, 슬픔 등 일어나는 모든 일들은 그분께서 예견하신 것이며 그분께서 사랑으로 이 모든 것들을 원하시거나 허락하신다는 것입니다.

그리하여 우리의 생활은 새로운 의미를 지니게 되었습니다.

하느님께서는 당신이 아버지이심을 나타내 보이셨습니다. 그리고 우리는 그분의 자녀들임을 느꼈습니다.

그분의 사랑에 대한 이 확신, 이 믿음은 너무도 강한 것이었고, 너무도 깊이 우리 마음에 파고들었기 때문에 만일 우리가 전쟁의 희생자가 된다면 모두 함께 단 하나의 무덤에 묻혀 우리의 이름 대신 '우리는 사랑을 믿었습니다'[10]라는 구절을 적기를 원했습니다.

'나의' 그리고 '새로운'

그렇지만 하느님의 사랑에 대한 당신들의 이 '새로운' 믿음 역시 전쟁이라는 특별한 여건이 낳은 흥분의 결과는 아닐까요? 어떤 면에서는 비참한 현실로부터의 도피나 탈주라고 생각할 수도 있는데 그렇지 않다는 것을 어떻게 확신할 수 있을까요?

그것이 감상적이고 흥분된 상태에 머물고 말았더라면 물론 그런 종류의 것이었을 테지요. 그러나 그 후에 일어난 일들이 그 깨달음의 성격을 잘 밝혀줄 수 있는 듯합니다. 실제로 우리는 즉시 복음

10) 요한 1서 4 : 16 참조.

서에 적혀 있는 말씀들을 기억했습니다.

"나더러 '주님, 주님' 하고 부른다고 다 하늘 나라에 들어가는 것이 아니다. 하늘에 계신 내 아버지의 뜻을 실천하는 사람이라야 들어간다."[11]

그러므로 하느님의 뜻을 실천하는 것, 이것이 바로 하느님을 사랑할 수 있는 길이었습니다. 그리하여 우리는 아침부터 저녁까지 구체적으로 이를 실천하려 했습니다. 이미 폭탄이 떨어지기 시작한 다음에도 노인들이나 불구자들을 방공호로 부축해 가는 등, 죽음까지 각오하면서 그렇게 살고자 했습니다.

폭격은 여전히 계속되었습니다. 방공호들은 그다지 튼튼하지 못했으므로 우리는 언제 주님 앞에 서게 될지 모르는 일이었습니다.

이 모든 상황이 우리 마음속에 하나의 소망을 불러일으켰습니다. 마지막이 될지도 모르는 그 순간에, 하느님께서 가장 마음에 두고 계시는 뜻을 실천하고 싶다는 것이었습니다.

이 하느님의 뜻은 예수님께서 '나의 것'이며 '새로운 것'이라고 하신 그 계명에 표시되어 있는 듯했습니다. "내가 너희를 사랑한 것처럼 너희도 서로 사랑하여라. 이것이 나의 계명이다. 벗을 위하여 제 목숨을 바치는 것보다 더 큰 사랑은 없다."[12]

일치를 향해

우리는 서로의 얼굴을 바라보면서 이렇게 말했습니다.

---

11) 마태오 7 : 21.

12) 요한 15 : 12~13.

"나는 너를 위해 죽을 준비가 되어 있어."

"나는 너를 위해."

모두가 서로를 위해. 이렇게 해서 이 운동 전체를 떠받칠 모퉁잇돌이 놓여진 것입니다.

서로서로를 위해 목숨을 줄 각오가 되어 있었으므로 형제적 사랑이 요청하는 수많은 필요에 응답할 수 있게 된 것은 당연한 일이었습니다. 기쁨과 고통, 얼마 안 되지만 가지고 있는 모든 재물, 그리고 자신의 영적 체험들을 나누는 등 우리는 있는 힘을 다해 이렇게 하려 노력했습니다.

새로운 계명을 이렇게 생활화했을 때 우리의 내면에는 특별한 결실이 맺어졌습니다.

우리는 무엇보다도 우리의 영신 생활이 질적으로 한 단계 뛰어오른 듯한 느낌을 받았습니다. 전에는 맛보지 못했던 확신감과 평화 그리고 기쁨을 체험했습니다. 새로운 빛이 우리의 영혼을 비추어 주었습니다.

실지로 새 계명을 실천했을 때, **교부**들이 말한 것과 같이 예수님의 약속이 실현되는 것이었습니다.

"단 두세 사람이라도 내 이름으로 모인 곳에는 나도 함께 있기 때문이다."[13]

결국 예수님께서 우리 가운데에 영신적으로 현존하시는 것이었습니다. 그리고 우리가 맛보던 기쁨, 평화, 빛은 그분 성령의 결실이었습니다.

교부 : '교회의 아버지라'는 뜻으로 초대 교회 시대 신앙이나 교회 생활면에 중대한 영향을 미쳤다.

13) 마태오 18 : 20.

또한 우리 가운데 계시는 그분께서는 당신 자신을 세상에 증거해 보이셨습니다.

"이 사람들이 모두 하나가 되게 하여 주십시오… 세상이… 믿게 될 것입니다."

"너희가 서로 사랑하면 세상 사람들이 그것을 보고 너희가 내 제자라는 것을 알게 될 것이다."[14]

이렇게 해서 사람들은 이 새로운 이상을 따르게 되었고 우리 **포콜라리나**들의 첫 그룹 주위에는 회개하는 사람들이 점점 늘어났습니다.

이 색다른 영신적 모험에 관한 당신의 이야기를 듣다 보니 마치 한 공동적 체험의 현장을 들여다보는 듯한 느낌이 듭니다. 그 안에서는 그리스도인의 생활이 기쁨으로 가득하고, 손쉽고, 장애물이 없는 것 같군요.

그렇지 않습니다. 오히려 그 반대이지요. 새 계명을 예수님께서 원하시는 수준까지 실천하는 것, 우리 가운데 그분을 모시는 것은 쉬운 일이 아니었습니다. 아니, 어떤 때에는 실망에 빠질 수도 있었습니다. 이 같은 생활을 할 수 있도록 필요한 비결, 열쇠가 주어지지 않았더라면 말이지요.

우리는 그 비결을 비로소 알게 되었습니다. 예수님께서 십자가에 못 박혀 "나의 하느님, 나의 하느님, 어찌하여 나를 버리셨나이

---

14) 요한 17 : 21, 13 : 35.

포콜라리나 : 여자 포콜라레에서 공동 생활을 하는 사람들을 가리킴.

까?"[15] 하고 부르짖으셨을 때 가장 큰 고통을 겪으셨다는 사실을 알게 되었던 것입니다. 그 순간 그분께서는 내면적 고뇌를 겪으셨지요. 우리의 죄를 당신의 것으로 하시고 **아버지**로부터 버려졌음을 그분의 인성으로 체험하셨습니다. 이로써 하느님과 인간의 사이를, 그리고 인간들 서로 사이를 갈라놓았던 죄로 인한 분리를 지워 버리셨습니다.

이러한 사실을 깨달았던 그 순간 우리 내면의 음성이 십자가에 못 박히고 버림받으신 그분을 사랑하라고, 그분을 선택하고, 그분을 따르라고 말해 주었습니다.

우리는 그렇게 했으며, 그분을 사랑함으로써 하느님과의 일치와 우리들 사이의 친교를 생생히 유지시킬 수 있으며 이를 다시 실현하고 강화할 수 있는 길과 힘을 늘 발견하곤 했습니다.

방공호의 어둠 속에서

여러분을 한동안 '일치의 운동'이라 불렀던 이유는 무엇인가요? 역사상 어떤 특별한 일이 있었기에 여러분에게 그런 특성이 부여되었는지요?

역시 전쟁 때문에 폭격을 피해 어두운 방공호 속에서 만났을 때의 일이었습니다. 우리는 촛불을 켜놓고 복음을 펼쳤습니다. 예수님께서 죽음을 앞두시고 **아버지**께 드리신 기도가 눈에 들어왔습니다.

15) 마태오 27 : 46.

당시 폭격을 피해 숨어 있었던 방공호

"아버지, 이 사람들이 모두 하나가 되게 하여 주십시오. 아버지께서 내 안에 계시고 내가 아버지 안에 있는 것과 같이 이 사람들도 우리들 안에 있게 하여 주십시오."[16]

우리에게는 이해하기 어려운 구절이었습니다. 그럼에도 불구하고 우리는 그것을 어느 정도 알아들은 것 같았습니다. 뿐만 아니라 무엇보다도 그 페이지를 위해 우리가 태어난 것이라고 느끼게 되었습니다. 막 태어나고 있던 이 운동의 대헌장이 거기에 있었던 것입니다. 우리는 예수님께서 유언에서 말씀하시는 그 일치를 실현하는 데 기여하도록 부름을 받았다고 느꼈습니다.

물론 복음 전체가 우리의 마음을 끌어당겼습니다. 그리하여 우리의 생활 규칙은 오로지 그 작은 책일 뿐이라고 생각했습니다. 모든 이의 복음, 처음부터 있었던 그 복음일 뿐이라고 생각했습니다. 그러나 복음의 말씀을 한 구절 또 한 구절 실천해 가는 동안 하느님

16) 요한 17 : 21.

께서는 우리의 마음속에 장차 교회 안에 태어날 하나의 새로운 영성, 정확히 말해서 바오로 6세 교황님의 말씀처럼,[17] 하나의 공동체적인 특성을 가진 영성의 '근본적 원칙, 원동력' 이 될 구절들을 강조해 가고 계셨습니다. 앞에서 말씀드린 바와 같이, 그것들은 일치, 하느님 사랑에 대한 믿음, 하느님의 뜻, 새 계명, 일치되어 있는 형제들 사이에 현존하시는 예수님, 버림받으신 예수님의 신비, 그리고 말씀… 등이었습니다.

목표는 일치였습니다. 그러므로 일치의 운동이라 불리었습니다.

복음으로 충분하지 않은가?

당신은 '새로운 영성' 이라고 말씀하십니다. 그런데 영성이란 무엇인가요? 때로는 '복음' 이라는 말처럼 아주 단순하고 극히 핵심적인 단어가 있는 데 비해 어떤 용어들은 매우 복잡한 것 같은 느낌이 들곤 하는데요.

그런데 더 적합한 용어를 찾을 수가 없군요. 어쨌든 그 용어는 교회가 천 년 이상이나 사용해 온 것입니다. 프란치스코회의 영성, 이냐시오회의 영성, 가르멜회의 영성 등을 생각해 보십시오. 그것은 복음을 생활화하는 한 가지 방식을 뜻할 뿐입니다. 하나의 영성이란 복음 전체를 특정한 관점에서 바라본 것입니다. 즉 여러 세기를 두고 예수님의 몇몇 훌륭한 제자들이 저마다 일정한 견지에서

17) 몬티니(G.B. Montini, 1955~1962) 밀라노 대주교의 연설, *Su la Madonna e sui santi*(밀라노, 1965), 461면.

하느님의 말씀을 읽고 그것을 실천에 옮겼습니다. 이 위대한 성인들은 교회 생활의 기본 원칙들, 교의들을 조건 없이 받아들여 생활화했습니다. 복음을 생활화하는 그들 나름대로의 방식, 곧 하느님의 특별한 선물과 특은의 결실을 영성이라 합니다.

우리의 경험은 짧지만 우리 역시 일치라는 특은의 빛으로 몇몇 진리들과 교회의 위대한 현실들을 깊이 묵상하고 그것을 생활화했습니다.

예를 들면 예수 성체가 그렇습니다. 비록 우리가 사람들에게 성체를 받아 모시도록 직접 권유한 적은 없지만 거의 모두가 스스로 성체를 영하러 갔으며 매일 영성체를 하는 사람들도 있었습니다. 우리 가운데 계시는 예수님께서 예수 성체를 소중히 여기게 해 주신 것 같았습니다. 그 다음에는 일치의 고리이신 예수 성체께서 강한 일치를 이루게 해 주시어, 이 운동 전체와 그 각 부문들이 일치의 특성을 지니게 해 주셨고 현재도 그렇게 해 주고 계십니다.

그 다음에는 교회와의 일치입니다. 처음부터 우리에게 깊은 감명을 준 복음 말씀 하나는 앞에서도 말씀드렸듯이 "너희의 말을 듣는 사람은 나의 말을 듣는 사람이고…"[18]라는 구절이었습니다. 이 때문에 우리는 즉시 우리 주교님이셨던 카를로 데 페라리 몬시뇰께 트렌토에서 일어나고 있던 일을 말씀드렸습니다. 교회 안에 예수님께서 현존하신다는 데 대한 믿음은 이 운동으로 하여금 늘 깊이 그리고 참으로 교회와 하나가 되게 해 주었습니다.

그 다음에는 성모 마리아이십니다. 그리스도의 완전한 제자이시기에, 온전히 하느님의 말씀으로 가득한 분이시기에 성모님께서는 언제나 복음을 생활화하는 데 있어 우리의 모범이셨습니다. 그리고

---

18) 루가 10 : 16.

바오로 6세 교황님께서 말씀하신[19] 것같이, 예수님의 육신적 어머니이시기에, 이 세상에서 '우리 가운데' 영신적으로 '그리스도를 낳아 드리고자' 하는 우리의 모범이 되셨습니다.

그리고 마지막으로 성령이십니다. 그분께서는 일치의 하느님이시며 우리 역사의 주인공이십니다. 우리 운동이 하나의 특은에 의해 태어나게 된 것은 교회가 인정하듯이[20] 그분 덕택입니다.

첫 포콜라레

카푸치니 광장에 있던 포콜라레, 이 운동의 첫 핵심체이던 포콜라레에서의 하루 일과는 어떠한 것이었나요?

친구들은 직장에 다녔습니다. 저는 집에서 공부를 했고 모두를 위해 식사를 준비했습니다. 그러나 밤낮으로 여러 차례 공습 경보가 울렸으므로 우리는 끊임없이 하던 일과 공부를 중단해야 했고 잠을 설치곤 했습니다.

그때마다 우리는 방공호로 달려갔는데 단지 복음서만 들고 갔습니다. 거기서 복음서를 펴들고 읽어 내려갔습니다. 그런데 얼마나 놀라운 일이 일어났는지요! 늘 들어 오던 그 말씀들이 완전히 새로워 보이는 것이었습니다. 마치 한 줄기 빛이 말씀을 하나씩 하나씩 밝혀 주는 것 같았습니다. 그리고 예수님께서 의도하신 그 깊은 뜻을 강조해 주는 것 같았습니다. 아무리 좋은 영신 서적이라 할지

19) *Insegnamenti di Paolo VI*(Poliglotta Vaticana, 1965), Ⅱ, 1072~1074면.

20) 교황 요한 바오로 2세, 포콜라레 총본부에서의 연설(1984. 8. 19).

첫 포콜라레가 있었던 카푸치니 광장

라도 다른 책들에 비하면 복음의 말씀들은 보편적인 것들이었습니다. 모든 사람을 위해 하신 말씀, 실천에 옮길 수 있는 말씀이었습니다. 그것은 영원한 말씀이었습니다. 세세대대로 유효한 말씀이었습니다. 우리는 그 말씀들을 희석하지 않고 글자 그대로 실천하고 싶은 커다란 열정을 느꼈습니다.

"네 이웃을 네 몸같이 사랑하라."[21]

'네 몸같이'라고 예수님께서 말씀하셨습니다. 그러므로 모든 이웃을 우리 자신보다 덜 사랑해서는 안 되는 것입니다. 우리가 방공호 속에서 이 말씀을 실천에 옮길 기회는 아주 많았습니다. 어떤 사람을 위로하고, 다른 사람에게는 용기를 주고, 어린이들을 집으

21) 마태오 22 : 39.

카푸치니 2번지에 있었던 첫 포콜라레

로 데려갈 수 있도록 도와주고….

"너희는 남에게서 바라는 대로 남에게 해 주어라."[22]

폭격을 당한 도시에는 집 없는 사람들, 굶주린 사람들, 환자들, 부상자들, 걸인들이 많이 있었습니다. 우리는 공습 해제 경보가 울리는 즉시 달려가서 가능한 한 많은 사람들을 도우려 했습니다.

물론 그들을 돕기 위해 식량, 약품, 의복 등이 필요했습니다.

우리는 가지고 있던 것들을 다 내어주었습니다. 그러나 "남에게 주어라. 그러면 너희도 받을 것이다"[23]라는 복음 말씀처럼 우리가 준 것들은 불어나서 돌아왔습니다.

"구하라, 받을 것이다."[24]

우리는 늘 받았습니다.

그러므로 우리에게는 매일 놀라운 일들이 일어났으며, 그것은 이 새로운 생활의 연료가 되었습니다. 복음이 약속한 것은 정말 그대로 이루어지는 것이었습니다. 우리는 점점 더 큰 열정을 지니고 더욱더 이 복음의 모험 안으로 뛰어들지 않을 수 없었습니다.

우리가 이렇게 행동하는 것을 보고 감명을 받은 많은 사람들이 왜 그렇게 행동하느냐고, 비밀이 무엇이냐고 물었습니다. 그러면 우리는 모두에게 우리의 이상은 하느님이라고, 우리는 복음에서 그분의 뜻을 찾아내면서 그 뜻을 실천하려 한다고 설명했습니다.

이렇게 해서 매일 새로운 사람들이 우리와 함께했습니다.

---

22) 루가 6 : 31.

23) 루가 6 : 38.

24) 마태오 7 : 7.

여러 지역에 태어나는 작은 집들

당신은 "불과 몇 달 만에 우리의 수효는 5백 명이나 되었다"고 기록했습니다. 당신과 당신의 친구들은 무엇으로 그렇게 많은 사람들을 끌어당길 수 있었나요? 처음으로 운동 안에서 어떤 조직의 필요성이 드러났을 때 어떻게 대처했나요?

성령께서 우리에게 주셨던 이 새로운 빛이 사람들을 끌어당겼으며 이 빛은 전염성을 지닌 것이었다고 생각합니다. 오늘에 와서는 이 빛을 우리 운동의 특은이라고 부르지요. 1, 2년이 지난 후에는 벌써 트렌토 시에서만도 158개의 마을에 이 운동을 따르는 사람들이 생겼습니다. 이들 모두가 새로이 깨달은 복음을 우리와 함께 열정적으로 생활하기 시작했습니다.

조직의 필요성에 대해서는 생각하지 않았습니다. 우리는 계속 앞으로만 나아갔습니다. 저의 첫 친구들 수효가 불어났기 때문에 더 이상 한 집에 머물 수 없게 되면 집을 또 한 채 구했습니다. 그리고 또 불어나면 다시 또 한 채의 집을 구하고… 그러나 그 어떤 분께서 모든 것을 정돈해 가고 계셨습니다. 우리가 아니었습니다. 이 점에 있어서도 장차 어떤 사업을 이루어 가야 할 것인지를 알고 계시는 분은 성령이셨습니다.

당신은 이 운동의 회칙을 기록하여 트렌토의 주교, 카를로 데 페

카를로 데 페라리 몬시뇰(Monsignor Carlo De Ferrari) : 당시 트렌토 교구장 대주교.

라리 몬시뇰에게 제출함으로써 처음으로 공적인 무대에 등장했습니다. 당시의 상황에 대해 설명해 주시겠습니까?

이 운동의 첫 회칙을 제출하기 위해 대주교님을 만났을 때의 일은 기억나지 않습니다. 그 당시 우리는 그분을 여러 차례 만나 뵈었습니다. 한 번은 우리가 트렌토에서 어떤 일이 일어나고 있는지에 대해 그분께 말씀드렸을 때 이렇게 말씀하셨습니다.

"Digitus Dei est hic!" "하느님의 손길이 함께하고 계십니다!"

카를로 데 페라리 대주교님은 신중한 분이셨는데 그분은 우리를 이해하고 사랑하셨습니다. 그분은 자주 농담처럼 "이다음 천국에 갔을 때, 무슨 좋은 선물을 가지고 왔느냐고 베드로 성인이 물으시면 '포콜라리노들과 재롱둥이들'(즉 '가톨릭 액션' 단체의 회원들)이라고 답할 것"이라고 말씀하시곤 하셨습니다.

많은 사람들이 그분을 찾아가서 우리에 대해 묻곤 했는데 그때마다 그분은 모두에게 잘 답해 주셨습니다. 그러던 1956년 어느 날, 그분은 모든 사람들에게 편지를 한 장 쓰기로 생각하셨습니다. 우리에 대한 내용이므로 이 편지를 읽자니 좀 마음이 떨립니다.

그러나 이제 우리 운동이 전세계로 퍼져 나가게 되었으므로 카를로 데 페라리 대주교님께서 얼마나 훌륭한 선견지명을 가지고 계셨는지를 증거하려는 뜻에서 이 편지를 읽어 드리겠습니다. 그분이 지금 천국에서 얼마나 기뻐하실는지요! 편지의 내용은 이렇습니다.

모든 사람들에게!

포콜라레에 대해 내가 어떤 생각을 가지고 있는지를 밝히고자 합니다. 나는 그 운동이 우리 교구에서 태어나는 것을 목격했으며, 늘 그들의 공동체를 아름다운 영혼들의 특별한 집합체라고 생각해 왔습니다. 그들은 모든 면에서 모범적인 생활과 그들의 순수한 사랑의 정신과 그들의 뜨거운 선교 정신으로써, '파멸의 길로 들어선'이 가엾은 세상에, 아직도 덕(德)의 가장 높은 정상을 정복할 수 있고 앞장서서 선을 행할 수 있는 그리스도인들이 있음을 생생히 증거하고 있습니다. 나는 12년간 주의 깊게 그들을 관찰했는데 단 한 번도 비난의 여지를 발견하지 못했습니다. 뿐만 아니라 늘 가장 크고 충만한 위로와 기쁨의 동기만을 발견했습니다. 이는 50년이 넘는 나의 사목 생활 중 희귀한 일이었습니다. 나는 거듭 말하고 기록한 바 있지만 다시 반복합니다. 커다란 군대처럼 포콜라리노들의 숫자가 불어나기를 바랍니다!

카를로 데 페라리 대주교

제4부

목표

일치의 심장부로

1948년에 당신은 로마로 가셨지요. 그 같은 결정을 내리게 된 동기는 무엇이었습니까? 어떤 설레임, 어떤 염려, 어떤 희망이 있었나요?

우리가 로마에 간 것은 그곳에 이 운동이 전파되었기 때문이었습니다. 그리고 또 한 가지 이유가 있었습니다. 우리가 일치에 대해 즉 하느님과의 일치, 형제들과의 일치, 예수님의 유언의 핵심이며 서로간의 사랑이 낳는 결실인 일치에 대해 말하고 있었는 데 반해, 그 당시 우리가 알고 있던 범위 내에서는 교회 안에서도 일치에 대해 말하는 사람이 아무도 없었습니다. 공산주의자들이 다른 의미에서 일치에 대해 말하고 있었을 뿐입니다. 그런데 로마에 레오네 버티(Leone Veuthey)라는 신부님이 계셨는데 그분이 일치에 관해 글을 쓰신 적이 있었습니다.

우리는 그분을 만나고 싶었습니다. 우리는 설레임이나 염려가 없었고 특별한 희망도 갖지 않았습니다. 그저 우리 마음속의 '음성'을 따라 행동했을 뿐이었습니다.

결국 그분을 만나 보셨습니까?

네, 그분은 스위스 태생으로 콘벤투알 성 프란치스코회 수사 신부님이며 영성신학 교수이셨습니다. 그분이 쓰신 네 권의 책에 일치에 대한 말이 나오는데, 그것에 우리의 마음이 이끌렸습니다. 그 후 그분은 우리를 많이 도와주셨으며 우리와 가깝게 지내셨습니다.

후원자도 없고 경험도 부족하던 트렌토의 처녀들로서 전후(戰後)의 커다란 가톨릭 도시 로마를 정복하기 위해 어떤 계획을 가지고 있었는지요? 실패할지도 모른다는 생각은 하지 않았습니까?

우리는 아무런 계획도 하지 않았습니다. 이 운동의 설계도는 분명 다른 데에 있었으며 우리는 그것이 하늘에 있다고 생각합니다. 그리하여 우리는 매일 주님께서 직접 혹은 주위 여건들을 통해 우리에게 가르쳐 주시는 대로 생활했습니다.

극히 중요한 일들이 생길 때에는 영신적으로 도움을 주고 계시던 조반니 바티스타 토마시(Giovanni Battista Tommasi) 신부님께 의논드리곤 했습니다. 그분은 오상회의 총장 신부님이셨는데 풍부한 지혜와 경험의 소유자이셨으며, 트렌토 대주교님께서는 이분에게 우리를 돌보아 주도록 하셨습니다. 실패할 수도 있다는 생각은 전혀 하지 않았습니다.

우리의 이상이 우리를 너무도 강하게 사로잡고 있었기 때문에 직장, 공부, 건강, 질병 혹은 로마, 트렌토, 밀라노 등 우리가 머무는 장소는 그다지 중요하지 않았습니다.

포콜라리노들에게 있어서는 지금도 마찬가지입니다. 멀리 떠날 때 그들은 '선교사가 된다'는 느낌을 받지 않습니다. 그들은 하느님 안에 머물고자 노력하기 때문에 어디를 가든 항상 자기 집에 있다는 느낌을 받습니다.

공동 창설자이자 첫 기혼 포콜라리노

당신이 포콜라레의 공동 창설자라고 생각하는 이지노 조르다니(Igino Giordani)[25]와의 만남에 대해서는 그분 자신이 기록한 내용을[26] 우리가 알고 있으므로 그것을 인용하는 것이 좋을 것 같습니다.

"어느 날 나는 일치의 여사도—사람들이 그렇게 말했다—를 만나 보라는 요청을 받았다.

---

25) 이지노 조르다니. 그는 1894년 9월 24일 티볼리에서 출생했다. 제1차 세계대전에 참전하여 부상을 입고 훈장을 받았으며 결혼하여 네 자녀를 두었다. 국회의원, 작가, 기자로 활약했으며 끼아라 루빅을 만난 후 첫 기혼 포콜라리노로서 그리고 '일치 센터'의 책임자로서 협력했다. 1974년 부인의 사망 후부터 1980년 4월 18일 세상을 떠나기까지 로카 디 파파에 있는 포콜라레 공동체에서 살았다.

26) 이지노 조르다니, *Memorie di un cristiano ingenuo*(Città Nuova 출판사, 1984), 149면.

1948년 9월의 일이다. **몬테치토리오**로 프란치스코회의 여러 가지에 속한 수도자들과 한 처녀, 그리고 한 사람의 젊은 평신도가 찾아왔을 때, 나는 국회 의원으로서 유권자들이 될 수 있다는 생각에 그들을 정중히 영접했다. **콘벤투알 성 프란치스코회** 수사, **작은 형제회** 수사, **카푸친 프란치스코회** 수사와 프란치스코회 제3회에 속한 각각 한 명씩의 남녀 평신도가 함께 일치되어 있는 모습을 보는 것 그 자체가 내게는 하나의 기적이었다.

처녀가 입을 열었다. 나는 존재하지도 않는 그 어떤 유토피아에 대해 감상적인 웅변가의 이야기를 듣게 되리라 확신하고 있었다. 그런데 이게 웬일인가. 첫마디부터 새로운 면이 드러나고 있었다. 그 이야기 속에는 특별한 점이 있었다. 초자연적인 지각(知覺)에서 우러나는 깊고 확실한 신념이 담겨 있었다….

그녀는 성덕을 모든 사람을 위한 것으로 제시했다. 평신도의 생활을 신비의 생활로부터 갈라놓았던 철문들을 허물고 있었다. 소수인에게만 허용되었던 성 안의 보물을 길거리에 내어놓고 있었다. 그녀는 하느님을 가까이 느끼게 해 주었다. 하느님을 아버지, 형제, 친구로 느끼게 해 주었다. 인류와 함께 계시는 분으로 느끼게 해 주었다."

조르다니는 그때의 만남에 대해 이렇게 기록했습니다. 이제 당신이 어떻게 해서 그를 만나게 되었는지 말씀해 주셨으면 합니다. 그

몬테치토리오(Montecitorio) : 이탈리아 국회 의사당.

콘벤투알 성 프란치스코회, 작은 형제회, 카푸친 프란치스코회 : 프란치스코 성인의 가난의 정신을 각기 다른 관점에서 따르고 있는 수도회들.

생존시 어떤 모임에서의
이지노 조르다니

리고 그 후 이지노 조르다니는 포콜라레 운동을 위해 어떤 일을 했는지요?

그와의 만남은 아주 단순한 것이었습니다. 이지노 조르다니가 그런 인상을 받았다는 사실을 저는 모르고 있었습니다. 나중에 그가 편지를 써서 트렌토로 보냈을 때 비로소 저는 그에 대해, 그의 영혼에 대해 다소 알게 되었습니다. 그는 예수님의 유언에 대해 언급하고 있었는데, 그 내용은 빛을 받은 아주 깊은 것이어서 저는 하느님께서 우리를 위해 이 사람을 보내 주셨다는 생각을 하게 되었습니다.

그는 이 운동 안에서 모두의 모범이었습니다. 만일 온 땅에서 복음이 사라진다 해도 그리스도인은 자신의 생활로써 다시 복음을 쓸 수 있게 해야 한다고 누군가가 말한 적이 있습니다. 그런데 조르다니가 바로 그런 신자들 중의 한 사람이었습니다. 그가 이 세상을 떠났을 때 그의 장례식에는 세계 곳곳에서 수천 명이나 되는 사람들이 모여 왔었습니다. 미사 중 복음의 특별한 페이지라고 할 수 있는 말씀이 낭독되었는데 행복 선언에 관한 것이었습니다.

그를 만났던 사람들은 모두 그가 그 여덟 가지 참행복을 충만하게 생활화했다는 데에 의견을 같이했습니다.

그는 참된 그리스도인이었고 특별한 그리스도인이었습니다.

실지로 하느님께서는 그로 하여금 교회 안에 있는 이 새로운 사업회의 공동 창설자가 되게 하셨습니다. 그의 일생에서의 후반기 30년 동안 그는 아무도 대신할 수 없는 독특한 방법으로 이 사업회를 위해 일했습니다.

그는 기혼자였지만 하느님께 온전히 자신을 봉헌하고 싶은 열정에 불타오르고 있었고, 이 소망에 이르는 길이 열리게 되기를 늘 기다리고 있었습니다. 그는 오랫동안 이 길을 찾았었고 1948년에 드디어, 태어난 지 겨우 5년밖에 안 된 포콜라레 운동 안에서 이 길을 발견한 것이었습니다.

그 후 그가 그때까지만 해도 오로지 남녀 동정인들로만 구성되어 있던 포콜라레의 문을 기혼자들에게 활짝 열어 줌으로써 이들도 그의 뒤를 따라 성덕과 봉헌된 삶을 살 수 있게 되었습니다. 그리하여 전에는 단지 예견되기만 했던 그 생활, 즉 나자렛 가정을 본받아 동정인들과 기혼자들(그들의 신분에 맞는 한도 내에서)이 함께하는 공동 생활이 실현된 것이었습니다.

그리고 이 사업회 안에 대중 운동 부문이 탄생될 수 있도록 힘껏 박차를 가한 사람도 그였습니다. '새가정 운동'이 여기에 속하는데 부부가 가정이라는 세포를 살아 있는 작은 교회로 만들고자 합니다.

그리고 '새인류 운동'은 노동계, 예술계, 의학계, 교육계, 정치계 등에 순수한 그리스도교 정신을 불어넣고 있습니다.

이 사업회의 가장 중요한 목표 중의 하나인 교회 일치 운동을 구체화한 사람 또한 이지노 조르다니였습니다. 특히 그는 이 운동이 교회 안에 굳건히 뿌리내릴 수 있도록 도왔습니다.

그는 아직 생존해 있었을 때 이미 이 운동이 그의 가지를 5대륙의 140개 나라로 뻗어 가고 있음을 보았습니다. 복음적 정신 즉 보편적 형제애, 서로간의 존경과 사랑, 모든 인간들 사이의 일치가 이 운동의 기초이므로 이 운동이 전해지는 곳에 많은 이익을 가져다 주는 것을 보았습니다.

긴장, 인종 차별, 분열, 전쟁으로 시달리고 있는 이 시대에 이 정신은 참으로 적합한 것임을 보았습니다.

조르다니의 존재는 하늘이 포콜라레 운동을 위해 보내 주신 선물들 중 가장 큰 선물 가운데 하나였습니다.

그는 교회 안에 태어난 이 새로운 운동을 위해 생애의 한 부분을 아낌없이 바쳤습니다. 이 사업회는 '마리아 사업회'라는 이름을 가지고 있는데 그것은—우리 모두의 생각에—땅 위 다른 곳과 다른 시대에도 그러했듯이, 우리 사업회 안에서도 동정녀이시며 교회와 인류의 어머니이신 마리아께서 일하고 계신 듯하기 때문입니다. 그리고 성모 마리아께서는 당신을 열렬히 사랑하는 조르다니에게 상을 주시려고 그를 선택해 주신 것 같습니다. 일생을 통해 그가 도달한 여러 가지 목표들 중에는 분명 성덕도 있다고 우리는 생각합니다.

첫 포콜라리노 사제

이 운동을 건설해 나가는 데 있어 조르다니처럼 곁에서 당신을 도와준 또 다른 인물들이 있었습니까?

그렇습니다. 1949년부터 여러 방면으로 중요한 공헌을 했고 지금도 그러한 또 한 사람의 두드러진 인물이 있습니다. 그는 파스콸레 포레지 신부님(Don Pasquale Foresi)[27)]입니다. 그는 첫 **포콜라리노 사제**가 되었습니다. 1954년에 사제가 되었고 이를 시발점으로 하여 여러 명의 포콜라리노들이 사제 성품을 받게 되었습니다.

그는 신학에 뛰어난 소양을 지니고 있어서 신학 연구 센터를 탄생시켰습니다. 이 센터는 우리 운동 회원들의 학식을 넓혀 주며, 이 운동의 영성을 신학적으로 외부에 소개하는 기구입니다.

포레지 신부님은 또한 치타 누오바 출판사의 창건을 위해 결정적으로 기여했으며 거기서 여러 해 동안 열정적으로 일했습니다. 또한 외국에도 이 출판사의 지부들이 생겨날 수 있도록 격려하고 후원했습니다.

그 외에도 이 운동의 회원들을 양성하기 위한 마리아폴리 센터를 비롯한 다른 많은 사업들이 그분의 덕으로 실현되었습니다. 특히 로피아노의 소도시가 건설되었고 그 후 세계의 여러 곳에서 이

---

27) 파스콸레 포레지(Don Pasquale Foresi) 신부 : 여러 번 국회 의원에 피선된 기독교 민주당의 팔미로 포레지(Palmiro Foresi) 의원의 아들로 1950년, 21살의 나이로 로마에 있던 주요 포콜라레의 책임을 맡고 있었다. 교황청 그레고리아나 대학에서 철학과 신학을 공부했고 이어서 라테라노 대학에서 박사 과정을 수료했다. 신학과 영성에 대한 책을 쓰기도 했다.

포콜라리노 사제 : 남자 포콜라리노 중에는 사제가 되는 사람도 있다.

파스콸레 포레지 신부

런 소도시가 늘어났습니다.

협조자라기보다는 그도 이 사업회의 성장기와 여러 단계에서 조르다니처럼 크게 기여한 공동 창설자라고 생각합니다.

그는 이 사업회가 교회 안에서 제자리를 찾게끔 기여했으며 교회에 우리 운동을 대변하는 첫 '교회 보조자'가 되었고 여러 차례 회칙을 기록하는 일에도 함께했습니다.

아우구스티노 파발레(Agostino Favale)[28] 신부는 포콜라레 운동의 약사(略史)를 이야기하면서 "끼아라 루빅은(…) 교회 안에 영성 운동

28) 아우구스티노 파발레, *Movimenti ecclesiali contemporanei*(로마, 1984), 202면.

을 일으킬 생각은 전혀 해 보지 않았다"는 말로 시작했습니다. 이 말이 사실인가요?

네, 그렇습니다. 이 운동이 태어난 1943년, 우리는 그 해가 이 운동이 태어난 해라고 생각하고 있는데, 제가 정결 서원을 통해 일생을 하느님께 봉헌했을 때 저는 장차 어떤 일이 일어날 것인지 전혀 생각하지 않았습니다.

저는 하느님과 결혼했다는 사실에 온통 마음이 빼앗겨 있었습니다. 그것은 그분과 저 사이의 일이었습니다. 만일 친구들이 제 뒤를 따를 것이라든지, 이러한 운동이 태어날 것이라든지에 대해 누군가가 제게 말해 주었더라면 그 황홀함이 깨어졌을 것입니다.

점차로 모든 것이 저절로 태어났습니다.

고통스러운 발걸음

당신은 처음부터 교계의 이해와 격려를 받았습니까, 아니면 불신과 장애를 만났습니까? 이 운동은 즉시로 탄탄대로로 들어섰나요, 아니면 가파른 길을 올라가야 했나요?

처음 몇 년 동안은 이해와 격려를 받았습니다. 따라서 복음을 생활하는 사람들에게 어김없이 다가오는 시련들이 있었음에도 불구하고 이 운동이 걸어나아간 길은 쉬운 것이었습니다.

그 다음 시기에는 가파른 길을 올라갔습니다.

실제로 아우구스티노 파발레 신부는 앞에서 인용한 글에서 이렇게 말하고 있습니다.

"포콜라레 운동은 최종적인 인준을 받기까지 고통의 길을 걸어야 했다."

그리고 계속해서 이렇게 설명합니다.

"이 운동을 지탱하고 있는 뼈대와 활력을 주는 영성은 너무도 단순한 것이어서 이 운동을 인정하고 유지해 갈 이유가 있는지 아닌지가 분명치 않았다. 또한 그들은 교회법의 틀 안에 들어가지 않는 새로운 요소들을 지니고 있었다. 포콜라리노들과 이 운동의 협조자들 사이의 거리낌없는 태도는 밖에서 바라보는 사람들의 마음에 의구심과 오해를 낳게 할 여지가 있었던 것이다. 그리고 그들은 표현과 태도에서 어린아이들처럼 열광적인 감정을 잘 억제하지 못했기 때문이기도 하다."

위에서 언급된 '고통의 발걸음'에 대해 좀 말씀해 주시겠습니까?

여러 가지 여건 아래에서 이 운동이 교황청의 조사를 받기 시작했을 때부터 고통이 시작되었고, 그것은 여러 해가 지나 교황 요한 23세께서 첫번째 승인을 내리셨을 때까지 계속되었습니다. 이 기간 중 우리는 불안, 의문 그리고 버림받음을 체험했습니다.

그러나 그 기간에 몇 가지 특별한 일들이 일어났습니다.

무엇보다 먼저 우리는 십자가에 못 박히고 버림받으신 예수님께 대한 뜨거운 사랑을 느꼈으며, 그분께서는 늘 우리를 지탱해 주셨습니다. 우리가 선택한 그분께서 이제 멋진 옷차림을 하고 나타나시는 것이었습니다. 고통들은 그분께 대한 우리의 참된 사랑을 보여 드릴 수 있는 기회였습니다.

또한 교회의 모성애에 대해 크나큰 믿음을 지니게 되었습니다.

그것은 오로지 하느님께서만이 보내 주실 수 있는 모성애였습니다.

그리고 이 기간 중 놀라울 만큼 많은 결실을 맺게 되었습니다. 그 시기에 이미 유럽의 이곳 저곳에 전파되어 있던 이 운동은 다른 대륙으로도 퍼져 가기 시작했습니다. 또한 교회 일치를 위한 일을 시작하게 되었고, 그 즈음 이 사업회는 철의 장막을 뚫고 들어가서 동유럽의 교회를 도울 수도 있었습니다.

그러니 축복을, 커다란 축복을 받은 시기였습니다.

"밀알 하나가 땅에 떨어져 죽지 않으면 한 알 그대로 남아 있고 죽으면 많은 열매를 맺는다"[29]는 말씀처럼 말입니다.

공산주의자들인가, 아니면 개신교 신자들인가?

여러분은 어떤 비난을 가장 많이 받았는지요?

우리는 그리스도인들 사이의 교류를 강조하고, 가진 것을 함께 나누었으며, 믿음을 멀리한 사람들과 대화를 하려 했으므로 많은 사람들이 의심스러운 눈으로 우리를 바라보았습니다. 우리가 모든 것을 함께 나누고자 한다는 것을 당신도 알고 계시지요? 우리의 영성이 이렇게 하도록 요구합니다.

형제들에게 "나는 당신을 내 몸같이 사랑합니다"하고 말은 하면서 그와 음식을 나누지 않을 수는 없는 일이지요. 그러나 이런 생활이 시기적으로 너무 앞서간 선택이었는지 우리는 비난의 대상이 되고 말았습니다. 우리를 비난하던 사람들 중에는 우리를 공산주의

29) 요한 12 : 24.

자로 생각하는 사람들도 있었습니다.

또한 우리가 매우 열심히 복음을 읽었기 때문에 어떤 사람들은 우리를 개신교 신자들이라고 생각했습니다. 물론 우리를 잘 모르는 사람들이 이런 의심을 품었지요.

교황청의 불신에는 어떻게 행동하셨습니까?

후에 바오로 6세 교황이 되셨지만 당시는 교황청의 국무성 장관이셨던 몬티니 추기경님께서 우리에게 "교황청의 조사를 받는다는 것은 여러분에게는 곧 보호이며 안전에 대한 보장입니다"라고 말씀해 주셨으므로 우리는 안심했습니다. 교회는 변별력을 가지고 있으며 따라서 각각의 새로 태어난 운동들을 모든 측면에서 철저히 조사합니다. 당연한 일이지요.

그 후 각각 다른 수도회의 수도자 서너 명이 우리를 찾아왔습니다. 그들은 우리 운동에 대해 알고자 했으며 우리와 대화의 시간을 가졌고, 나중에는 자기들의 체험과 의견을 말해 주면서 회칙을 기록할 수 있도록 우리를 도와주었습니다.

몬도 밀리오레(Mondo Migliore)와의 만남

당시 리카르도 롬바르디 신부님(Padre Riccardo Lombardi)은

몬도 밀리오네 : '보다 나은 세상'이라는 뜻. 한국에서는 MBW(Movement for a Better World) 추진회라고 함.

자신이 창설한 몬도 밀리오레와 포콜라레 운동을 합치자고 제의했었습니다. 롬바르디 신부님에 대한 기억과, 왜 그 계획이 실현되지 않았는지를 말씀해 주시겠습니까?

저는 1950년대에 롬바르디 신부님을 만났는데 즉시 서로 상대편을 존경하게 되었습니다. 그분이 1957년 8월, 마리아폴리가 열리고 있던 피에라 디 프리미에로(Fiera di Primiero)로 우리를 찾아오셨던 때를 기억하고 있습니다. 저는 교통 사고로 깁스를 하고 자리에 누워 있어야 했는데 그분은 우리 공동체의 사람들과 함께 계시다가 제가 있는 곳으로 오셔서 의견을 나누곤 하셨습니다. 그분은 우리를 이해하셨고 우리의 이상에 매료되셨습니다. 그분의 영혼은 이 정신을 이해하고 사는 사람 같았습니다.

몬도 밀리오레와의 병합에 관한 이야기가 시작되었을 때 우리는 두 사업회가 지닌 공통점을 강조했습니다. 예를 들면 두 운동 안에는 교회 내의 모든 성소에 속한 사람들이 참여하고 있었습니다. 그분은 주교들로부터 시작해서 평신도들에게 이르렀고, 우리 운동은 평신도들로부터 시작해서 주교들에게 이르렀습니다. 그리고 우리는 새 세계를, 복음에 의해 쇄신된 세계를 지향하고 있었습니다. "이 사람들이 모두 하나가 되게 하여 주십시오"라고 하신 예수님의 원의에 따라 우리 일치의 이상으로 세계를 쇄신하려 하고 있었습니다.

그 후 두 운동의 장상들, 즉 우리 쪽에서는 트렌토의 대주교님이셨고 롬바르디 신부님 편에서는 예수회의 총장이셨던 잔센스 신부님(Padre Janssens)이셨는데, 그분들은 이 계획을 잘 검토하신 후 병합하지 않는 것이 좋겠다고 말씀하셨습니다. 우리는 그분들의 생각이 참으로 옳았음을 알게 되었습니다. 그리고 교회의 교도권 안에는 실제로 직무 수행에 대한 은총이 있다는 것을 알게 되는 순간이기도 했습니다.

이지노 조르다니는 이렇게 기록했습니다.

"고통이 올 때, 화를 내거나 실망에 빠짐으로써 그 은총을 남용하지 말라. 사랑으로 고통을 이겨라."[30]

불안과 고통을 동반한 이런 사건들에 대한 설명을 듣다 보니 여러분은 고통이 다가올 때 그것을 전적으로 받아들일 뿐 아니라 기쁨으로 변화시킬 수 있는 능력까지 가지고 있는 것 같은데 과연 그렇습니까?

그렇습니다. 십자가에 못 박히고 버림받으신 예수님, 곧 예수님 고통의 절정을 우리의 이상으로 선택했을 때, 우리는 고통을 받아들일 준비가 되어 있다고 말했습니다. 이는 하느님께서 우리를 도와주셨기 때문에 가능한 것이었지만 우리에게 죽음까지도 두려워하지 않는 젊은이다운 너그러움이 있었던 때문이기도 했습니다. 그 후 우리는 우리의 선택에 충실하려 노력했습니다. 우리는 마음 깊이 고통을 느끼기도 합니다. 그러나 우리는 십자가를 끌고 가는 법이 아니라 십자가를 끌어안는 법을 배웠습니다.

이렇게 할 때 마치 거룩한 연금술이 작용하듯 우리는 고통에서 사랑과 기쁨으로 넘어가는 것입니다.

질병, 죽음, 영신적 시련, 어두운 밤과 모순된 상황 등 고통과 괴로움은 많건 적건 우리의 전 역사를 통해 언제나 존재했습니다. 지

---

30) Igino Giordani, *Diario di fuoco*(Città Nuova 출판사, 1985), 21면.

금까지 그러했고 앞으로도 그러할 것인데 십자가는 하느님 사업에서 두드러지는 특성이기 때문입니다.

한편 우리는 하느님으로부터 기쁨과 위로도 받았습니다. 그것은 너무나도 크고, 높고, 깊고, 은밀한 것이어서 아마도 세상은 상상조차 할 수 없을 것입니다. 하느님께서 사람들 안에서 일을 해 가실 때, 그 사람들은 심연과 정상을 걷게 되기 때문입니다.

그래서 여러분은 수줍어하거나 주저하는 일이 없이 유명 인사들을 만나고, 교회 권위자들과 정치 지도자들에게 면담을 청하곤 했군요. 어디서 그렇게 커다란 확신을 얻을 수 있었나요?

우리는 두려움이나 불편을 느껴본 적이 없습니다. 이지노 조르다니는 우리를 만날 때마다 자신의 책을 한 권씩 선물로 주곤 했는데 저는 그때마다 다른 사람들에게 그것을 다시 선물하곤 했습니다. 이것을 보고 조르다니가 처음에는 이상하게 생각했습니다.

사람들은 보통 조르다니와 같이 유명한 사람으로부터 책을 선물받는다면 그 책을 소중하게 여기면서 잘 보관하기 때문이지요. 그러나 우리는 조르다니를 그의 명성이나 정치적인 중요성을 생각하면서 대하지 않았습니다. 비록 좀 특별한 사람이긴 했지만 한 형제로 대했던 것입니다.

'데 가스페리' 씨가 매우 좋아하던 노래가 하나 있는데, 그분은 여름철 마리아폴리가 열리던 피에라 디 프리미에로로 우리를 찾아

데 가스페리(Alcide De Gasperi, 1881~1954) : 제2차 세계대전 중 기독교 민주당을 조직했으며 전후(戰後) 이탈리아 총리가 되어 나라를 부흥시켰음.

올 때마다 그 노래를 불러 달라고 했습니다. 그 노래의 가사는 이렇습니다.

"기사들, 학생들, 의사들, 상인들, 국회 의원들이
여기 마리아폴리에 와서
모두 동등한 사이가 되었네.
모두가 한 형제인데 지위가 무슨 가치가 있는가?"

'데 가스페리'는 포콜라리노였는가?

'데 가스페리' 씨는 여러분을 어떻게 생각하고 있었습니까?

그분은 우리 회원 중의 한 사람이었으며 우리의 영성을 자신의 것이라고 강하게 느꼈습니다.

저는 그분을 프레제네(Fregene)에서 처음 만났습니다. 조르다니와 이 운동의 몇몇 젊은이들도 한 자리에 있었습니다. 그 후 우리는 다시 만났고 편지도 교환했습니다. 그분은 1951년 4월 21일자 편지에 이렇게 썼습니다.

"…하느님 아버지의 날개 아래 일치되어 있다는 느낌은 어려움 중에도 평화와 신뢰감을 잃지 않게 해 줍니다. 한 나라의 책임을 맡고 있는 사람으로서 크나큰 의문에 시달리고 있는 이 순간은 정말 고통스럽답니다. 우리 나라의 어두운 앞날을 내다보면서 우리는 이 비극에 대항할 수 있을 만큼 그렇게 충분한 연대 의식이나 단결력을 가지고 있지 못하다는 생각이 들기 때문입니다.

물론 하느님께서는 인간의 자유로운 의지를 존중해 주시지만, 그분의 섭리에 의해 역사가 이루어지고 그 역사의 한 부분을 그분과 함께 책임지고 있다는 생각을 하지 않았다면, 나는 하느님의 뜻을 외면했거나 포기했을 것입니다.

그러나 정치란 자신의 믿음의 표현이고 특히 사회적 형제애를 이루는 것입니다. 그러므로 정치를 형제들과 우리 모두의 아버지이신 하느님 앞에서 짊어지게 되는 가장 큰 책임이라고 생각하는 그리스도인에게는 그 날카로운 고뇌가 준엄한 의무로 변하겠지요."

1953년 12월 28일자 편지에는 이렇게 썼습니다.

"…늘 그렇듯이, 지금도 내게는 평화가 없습니다. 평화가 있다면 마음의 친구들과 함께 그것을 나눌 수 있으련만… 거듭되는 불상사, 극복해야 하는 새로운 난관들…."

그리고는 주님께 기도해 달라고 부탁했습니다.

"나를 위해서가 아니고 환란 중에 있는 우리 나라를 위해서 기도해 주시기 바랍니다…."

살아있는 그리스도 공동체

당신은 복음을 '새롭게 깨달았다'라는 표현을 즐겨 쓰곤 합니다. 2천 년이라는 세월이 복음을 깊이 이해하는 데 충분하지 않았다고 생각하시나요? 끼아라 루빅에 의해 이루어진 새로운 발견이란 무엇인가요?

2천 년, 3천 년, 혹은 그 이상의 세월로도 복음 안에 담겨 있는 모든 보물을 다 캐내기에는 충분치 않다고 저는 확신합니다. 그것은 하느님의 말씀이기 때문입니다. 이 사실 하나만으로도 충분한 이유가 되는데 하느님의 말씀을 이해하기에는 끝이 없기 때문입니다. 그러므로 그분께서 그것을 설명해 주시고, 해설해 주시고, 그것이 지닌 새롭고 매혹적인 점을 발견할 수 있도록 도와주셔야 합니다.

이미 말씀드린 바와 같이 우리에게는 이런 일이 방공호 속에서 일어났습니다. 우리는 복음서를 들고 방공호로 갔습니다. 그 순간, 모든 것이 파괴되는 중에도 읽을 가치가 있는 책, 보존되어야 하는 책은 오로지 복음서뿐이라 여겨졌습니다.

솔직히 말해서 그때까지만 해도 복음은 제 생활의 기본 법칙이 아니었습니다. 그런데 그 말씀들을 실천했을 때 저와 친구들의 마음 안에서 하느님과의 관계와 다른 사람들과의 관계가 달라졌습니다.

그때까지만 해도 우리는 그저 말씀을 묵상하고 머리로 알아들으려 했으며 몇 가지 결론을 내리면서 그것을 마음에 새기려 했을 뿐이었다는 사실을 생각해 보시면 보다 쉽게 이해가 될 것입니다. 당시 우리는 그 같은 종교 교육을 받았었으니까요.

그런데 새로운 일이 일어났습니다. 우리는 말씀을 모든 경우에 적용시켰기 때문에 우리의 삶 속에서 그 내용이 환히 드러나게 되었으며, 개인과 그룹 안에 변화를 일으켰습니다. 말씀을 생활했을 때 어느 모로 더 이상 우리가 그것을 생활하는 것이 아니라 내 안에 계시는 **말씀**이, 그룹 안에 계시는 **말씀**이 그것을 생활하시는 것이었습니다. 그리하여 그리스도의 혁신이 일어났고, 따라서 모든 면에서 일대 변화가 일어났습니다.

이 같은 현상을 밖에서 바라보는 사람들은 복음의 한 구절이 묵상되는 대신 살아 있는 그리스도 공동체가 태어나게 되는 것을 보고 이상하게 생각했습니다. 그래서 그들은 우리가 하느님의 말씀에 대해 참으로 이상한 묵상을 하는 모양이라고 말하곤 했습니다.

이처럼 하느님께서는 우리에게 먼저 병원, 고아원, 학교 및 다른 좋은 사업을 하라고 요청하신 것이 아니었습니다. 우리가 물론 그런 사업도 하고 있기는 하지만 그것들은 나중에 이루어졌습니다.

오히려 하느님께서는 우리의 손에 복음서를 들려주셨습니다. 우리에게 복음을 깨닫는 데 필요한 새로운 빛을 주셨습니다. 즉 그것을 바로 현시대에 깨달을 수 있도록 적합한 방법을 알려 주셨던 것입니다.

그러므로 말씀의 생활화는 우리가 영신 생활의 그 어떤 단계에 있든지 늘 우리를 키워 주는 지표와 원동력이 되었습니다.

성모 마리아, 첫 평신도

당신은 제2차 바티칸 공의회가 열리기 여러 해 전에 이미 교회 내에서의 평신도의 중요성을 직감하신 것 같은데요.

우리가 복음을 깊이 이해하면서 교회 내 평신도의 문제에 대해 느낀 것은 아니었습니다.

우리는 복음을 생활하라는 부르심을 매우 강하게 느꼈습니다. 평신도라는 느낌보다는 그리스도인이라는 느낌을 더 강하게 가지고 있었지요. 우리는 모든 이가 하나 되기를 원하신 예수님의 기도나, 단 두세 사람이라도 그분의 이름으로 모인 곳에는 그분께서 함께 계시겠다고 하신 약속, 각자 자기 십자가를 지고 그분을 따르라는 초대, 그리고 다른 모든 그분의 말씀들이 바로 우리에게 하신 말씀들이라 생각했습니다. 이 말씀들은 우리가 비록 수녀도 아니고 신부도 아니었지만 곧 교회라는 느낌을 갖게 해 주었습니다.

그렇지만 우리는 평신도들이었고 현재까지도 회원 대부분이 평신도들입니다. 이 때문에 우리 사업회 안에서 성모님은 매우 중요한 분이십니다. 우리는 언제나 그분을 '첫 평신도'로 생각했으며 현재도 그렇습니다. 그분께서는 동정녀이시며 아내이시고, 가정 주부이시며 지혜의 옥좌(玉座)이심을 우리는 알고 있습니다. 그리고 그분께서는 비록 눈에 띄지는 않았지만 복음화 사업에 뛰어든 분이셨습니다. 그분께서는 아들의 공생활에 동참하셨습니다. 가나의 혼인 잔치에, 십자가 밑에 함께 계셨으며, 태어나고 있던 교회의 사도들을 도와주셨습니다. 우리는 또한 그분께서 노래하신 **'마니피캇'**을 통해 사회적 측면을 위해서도 일하셨음을 알고 있습니다. 우리는 그분의 노래야말로 사회에 보내는 그리스도 메시지의 대헌장이라 믿습니다. 성모님께서는 교회 안에서, 그리고 세상에서 나름대로의 과업과 책임을 지고 있는 평신도의 모범이십니다.

왜 오늘날 열심인 평신도가 역사상 그 어느 때보다도 더 필요하게 되었을까요?

그 중 한 가지 이유는 이런 것이 될 수 있다고 생각합니다. 즉 과학과 기술의 발전으로 교만해지고 삶의 흥분된 리듬에 온통 빠져버린 현대인들에게는 하느님에 대해 말하는 사람들의 이야기를 들을 시간도 흥미도 없다는 것입니다. 그들은 이제 하느님은 필요 없

마니피캇(magnificat) : 성모 마리아께서 엘리사벳을 방문하여 부르신 노래. 하느님께서 자신을 통하여 역사하신 위대한 일과 이스라엘에 베푸신 구원에 감사드리고 찬양한 내용이다.

다고 생각합니다. 이 때문에 어떤 분이 "오늘날에는 스승보다 증거자가 더욱 필요하다"[31]고 말씀했습니다.

그렇다고 해서 말을 통해 복음을 선포할 필요가 없어졌다는 뜻이 아닙니다. 오히려 길거리나 공장, 학교, 사무실, 과학 실험실 및 국회 의사당 등 세속적 현실들 속에서, 즉 교회 밖에서 매일의 생활을 통해 복음을 증거할 때 그것이 더 잘 받아들여지게 된다는 뜻입니다.

그런데 이 같은 증거는 이 시대의 사람들 사이에 섞여 살면서 매일 매일 생활의 문제들을 함께 나누는 사람들만이 보여줄 수 있습니다. 이렇게 할 수 있는 사람들은 오로지, 아니 특히, 평신도들뿐입니다. 필요한 조건을 갖추고 열심히 노력함으로써, 오늘 다시 그리스도께서 태어나셔서 인간을 구원하시고 해방시키는 일을 계속하실 수 있게 해 드릴 수 있는 그리스도인들이 더욱 이런 일을 잘 할 수 있는 것입니다. 그리스도께서는 성체 안에 계실 뿐만 아니라 인간의 마음속에, 사람들 사이에 태어나시고 또 태어나실 필요가 있습니다. 이 때문에 우리에게 있어서는 처음부터 "단 두세 사람이라도 내 이름으로 모인 곳에는 나도 함께 있기 때문이다"라고 하신 그분의 약속이 실현되도록 생활하는 것이 그 무엇보다도 더 귀중한 가치를 지니게 되었습니다.

---

31) 교황 바오로 6세, *Evangelii nuntiandi*, 41면.

부르심

이 운동에 호응하는 사람들은 부르심에 응답하는 것인가요, 아니면 자신들의 삶에 그 어떤 의미를 부여하기 위해 애쓰고 있는 것인가요? 또는 고통스러운 환경을 벗어나기 위해 피신처를 찾고 있거나 개인적 불만을 극복하기 위한 노력의 하나는 아닌지요? 아니면 또 다른 이유들이 있나요?

이 운동에 호응하는 사람들은 물론 부르심에 응답하는 것입니다. 이 운동을 소개하거나 그 정신을 증거할 때면 거의 언제나 한 가지 현상이 일어나곤 합니다. 이 특은의 아름다움과 새로움을 깨닫고 이해한 후 자신의 것으로 만들려는 사람들이 있다는 것입니다. 그런가 하면 이해하지 못하는 사람들도 있습니다. 이해하는 사람들은 하느님의 부르심을 받아들인 사람들입니다. 그렇다고 해서 반드시 더 착한 사람, 더 나은 사람들이라는 것이 아니라 그분께서 선택하시는 사람들입니다.

이런 일이 일어나기 전에 사람들은 내면적으로 아주 다양한 처지에 놓여 있었겠지요. 바람직하지 못했던 생활에서 벗어나 새로운 대인 관계를 맺을 필요성과 참된 가정의 필요성을 느끼고 이를 향해 나아가도록 자극을 받을 수도 있었을 것입니다. 하나의 이상을 추구하는 초기 과정에서 이런 일이 일어날 수도 있으며, 후에 이 운동의 정신을 만났을 때 확신을 가지고 호응하게 되기도 합니다. 그러나 이 운동 안으로 들어오게 되는 것은 하느님의 참된 부르심에 의한 것입니다.

제5부

포콜라레의 정신

이름의 유래

이 운동의 이름에 대해 알아봄으로써 그 내면으로 들어가 보고 싶습니다. 아니, 여러 가지 이름들에 대해 알아보아야 할 것 같습니다. 포콜라레 운동, 마리아 사업회, 일치의 운동 등 왜 이렇게 이름이 많은지요? 혼동을 피하기 위해서라도 그 중 하나만 선택하는 것이 좋지 않았을까요?

이 운동은 반세기의 역사를 가지고 있으며 그 발전 과정에서 여러 개의 이름이 주어졌습니다. 첫번째 이름인 **포콜라레**는 우리가

포콜라레(Focolare) : 벽난로라는 뜻. 사람들은 따스함과 사랑의 열기를 느낄 수 있는 집이라는 의미로 그렇게 불렀으며 그곳에서 공동 생활을 하는 사람들을 가리켜 남자는 포콜라리노, 여자는 포콜라리나라고 부름.

선택한 것이 아니었습니다. 포콜라리노들과 포콜라리나들의 작은 공동 생활을 누군가가 그렇게 부르기 시작했고 지금까지 계속 이 이름으로 불리게 되었는데, 그것은 우리에게 잘 맞는 것이라고 생각합니다. 우리는 어떤 모양으로든 나자렛 가정을 재현하고 싶은 마음이었다고 말씀드렸지요. 나자렛 가정에서는 동정인들이 그 가운데 예수님을 모시고 있었습니다. 즉 포콜라레의 불을 간직하고 있었습니다.

우리는 또한 새로운 깨달음을 지니고 있었으며 그 깨달음의 특성으로 일치의 운동이라고도 불리었습니다. 마지막으로 우리는 마리아 사업회라는 이름을 가지게 되었습니다.

비록 계속해서 우리는 포콜라리노들이라는 이름을 사용할 것이며 그렇게 불리고자 하지만 마리아 사업회라는 이름이 우리의 영성에 가장 적합한 이름이라고 생각합니다.

여러분은 하나의 백성입니다

이 운동은 어떻게 조직되어 있습니까?

이 운동의 조직이나 여러 부문에 대한 이야기를 시작하기 전에 우리는 우선 그것을 단일한 생명체로, 단 하나의 존재로, 하나의 현실로 보고 있다는 점을 말씀드리고 싶습니다.

이 운동은 자신의 내면에서 일치라는 메시지를 실현하고, 그 다음에 그것을 세상으로 가져가는 그런 존재입니다. 우리를 이같이 보아줄 때 비로소 우리는 참으로 우리 자신이 실현됨을 느낍니다. 우리는 단 하나의 존재이기 때문입니다. 요한 바오로 2세 교황님께서는 우리를 이같이 생각하십니다. 그리하여 그분께서는 우리 회원들의 수효도 고려하시면서 이렇게 말씀하셨습니다.

"여러분은 하나의 백성입니다."

그렇습니다. 이 운동은 바로 하나의 백성이며 교회의 한 부분입니다.

백성을 이루고 난 다음에서야 구분이 되기 시작합니다. 즉 같은 목표에 도달하기 위해 서로 다른 과제를 지니는 여러 성소가 있다는 것입니다.

47년의 세월이 흐른 후 우리는 156개 나라에 전파되어 있으며 그 때문에 현재 일치의 영성으로 양성된 사람들의 수효는 약 수백만에 이르고 있습니다. 이들 중 서원이나 서약을 통해 하느님께 자신을 봉헌한 사람들과 주어진 임무 수행을 통해 이 사업회를 위해 헌신하는 사람들이 8만 명 이상이 됩니다.

마리아 사업회의 성격, 정신, 목적, 조직에 관해서는 교황청이 잘 검토해서 1990년 6월 29일자로 인준한 회칙에 명시되어 있습니다. 이 사업회 전체에 해당되는 회칙 외에 이 사업회에 속해 있는 22개의 **가지**들을 위한 세부적인 규칙들도 있습니다.

이 운동은 세계적으로 66개의 지역으로 나누어져 있으며 로마 근교 로카 디 파파에 추진 기구인 총본부가 있습니다. 이 본부는 이 운동 내의 여러 가지들과 활동들의 일치와 질서를 보장합니다.

이 운동의 추진력은 그 내부에 피어난 새롭고도 다양한 성소들로부터 나옵니다.

이들 가운데에는 우선 남녀 포콜라리노들이 있습니다.

그들은 각각 남자 포콜라레와 여자 포콜라레에서 생활합니다. 그

가지 : 부문.

들은 조국과 가족 등 모든 것을 떠나 세상 한가운데에서 살며 거기서 일합니다. 포콜라레는 새로운 유형의 작은 공동체이며, 거기서는 무엇보다도 서로간의 사랑을 바탕으로 계속해서 예수님을 모시려고 노력합니다. 사물, 사람, 자기 자신으로부터 초월한 삶을 살기 위해 요구되는 청빈, 정결, 순명의 복음적 권고 역시 일치의 받침대로 여깁니다.

포콜라레는 빛과 열이 가장 많은 곳으로, 거기서는 이 운동 안에서 결코 꺼져서는 안 되는 하느님과 이웃에 대한 사랑의 불이 계속 타오르고 있습니다.

이 복음적 생활의 새로운 공동체는 매우 특별한 점을 지니고 있는데 그것은 하느님께 일생을 봉헌하도록 부르심을 받은 기혼자들 역시 이 공동체 안에 속해 있다는 것입니다.

이들 기혼 포콜라리노들은 그들의 신분에 따른 모든 의무를 다 수행하면서 할 수 있는 한도 내에서 이 공동체에 속하지만 제2급으로서가 아니고 온전히 소속됩니다. 남녀 포콜라리노들의 수효는 거의 5천 명입니다.

이 운동은 평신도 운동이라고 말씀하시지만 포콜라레가 그 핵심체인 이상, 기혼자들을 제외하고 생각해 보면 그것은 거의 수도원의 생활과 같다는 인상이 듭니다. 맞습니까?

물론 이 운동이 포콜라레들로만 구성되어 있다면 그런 인상을 줄 수도 있을 것입니다. 그러나 이 운동은 포콜라레들로만 구성되었던 적은 전혀 없었습니다. 처음부터 이 운동은 포콜라레보다 훨씬 광범위한 것이었고 또한 분명히 평신도적인 모습을 지니고 있었습니다. 평신도의 특성이 포콜라리노들에게도 전적으로 어울린다는 점을 제외하고도 말입니다.

이 사업회는 1956년부터 평신도적인 그의 성격을 한층 더 분명하게 나타냈습니다. 남녀 솔선자라는 하나의 특별한 성소가 극적으로 태어났기 때문입니다. 이들은 포콜라리노들처럼 성덕에로의 부르심을 받아들이고 그들의 규칙이 정하는 바에 따라 이 운동에 속해 있는 사람들입니다. 그들은 직장과 가정 그리고 정치계에서 복음의 정신에 따른 그들의 생활로써 사회 구조를 활성화시키고 쇄신시키기 위해 투신합니다.

솔선자들 역시 그들의 **'누클레오'**에서 일시적으로이기는 하나 공동 생활을 체험합니다. 현재 그들의 수효는 17,000명 이상입니다.

이 운동의 평신도적 특성에 관해 이야기를 계속한다면 또 하나의 커다란 가지가 있는데, 이는 이 운동 전체의 미래를 위해 아마도 가장 중요한 부분이 될 것입니다.

그들은 새 세대(New Generation)들, 곧 남녀 **젠**들입니다. 즉 그들은 이 운동의 영성을 자신들의 것으로 받아들이고, 너그러운 마음으로 그들의 규칙에 따라 전적으로 생활화하는 젊은이, 청소년, 어린이들입니다. 그들 역시 **젠 단위**라 부르는 작은 그룹들을 이루고 함께 모임을 가짐으로써 이 운동의 정신으로 육성되며, 특히 학교, 대학교, 스포츠 그룹, 기타 다른 문화 단체, 음악 그룹, 미술 그룹 등에 속한 젊은이들에게 이 정신을 전해 줄 준비 자세를 갖추게 됩니다.

누클레오(Nucleo) : 핵심체라는 뜻으로 솔선자들의 그룹을 가리킴.

젠 : Gen. Generation의 첫 3글자를 딴 것임.

젠 단위(Unità Gen) : 젠들의 그룹을 가리킴.

여기까지는 모든 것이 매우 분명합니다. 즉 포콜라리노들, 솔선자들, 젠들이 바로 열심인 회원이라는 것이지요. 그런데 이들의 수효가 비록 수천, 수만 명에 이른다 해도, 역시 이 운동의 광범위한 측면과 연령의 다양성을 충분히 설명할 수는 없다고 생각합니다. 당신이 말한 바와 같이 수백만 명에 달하는 사람들이 여러분의 생활 양식을 따르고 있으니 말입니다.

특히 최근 20여 년 동안 이 운동은 많이 발전했습니다. 이 운동의 모든 회원들과 그룹들이 그들의 생활로써 이 정신을 전파하려는 열의를 지녔기 때문에, 열심인 회원들 주위에는 이들의 생활 증거에 특별한 매력을 느낀 사람들의 무리가 자연스럽게 생겨나게 되었습니다.

예를 들면 기혼 포콜라리노들 주위에는 '새가정 운동'이 태어났고, 남녀 솔선자들 주위에는 '새인류 운동'이 자라났으며, 젠들 주위에는 남녀 젊은이들이 참여하는 '일치된 세계를 위한 젊은이 운동'과 소년 소녀들을 위한 '일치를 위한 청소년 운동'이 생겨났습니다.

망토 아래에

네, 물론 이 모든 것이 '평신도적인' 모습이고 이 운동은 평신도 운동입니다. 그러나 이 운동에는 사제들과 남녀 수도자들도 참여하고 있음을 우리는 알고 있습니다.

이에 대해 말씀드리기 위해서 저는 한 가지 예를 들겠습니다. 중

세 성전에 그려진 고대 벽화 중에는 당시 성행하던 성모님께 대한 신심을 표시하는 상징적 그림이 그려져 있습니다.

동정 성모께서 그분의 망토로 성곽과 성당, 수공인과 수도자, 주교와 가정 주부, 부자와 가난한 사람을 감싸고 보호하시는 장면입니다. 즉 당시의 도시 안에 살고 있던 모든 사람들을 감싸고 보호하시는 것입니다. 그것은 과장된 신심이 아니었습니다. 그것은 어떤 모양으로든 하느님의 어머니와 교회, 즉 성모님과 인류와의 관계를 상징하는 그림인 것입니다. 그것은 가톨릭 신앙의 한 가지 기둥이 되는 성모님의 보편적인 모성애를 표현하고 있는 것입니다.

그런데 여기 이와 비슷한 것이 있습니다. 이 운동은 커다란 벽화가 아니고, 그 벽화의, 그 현실의 살아 있는 복사판과도 같은 것이라고 말하고 싶습니다. 이 사업회는 성모님께서 하셨듯이 교회와 인류의 무리들을 모아들이는 망토와도 같습니다. 이들이 한 가족이 되게끔 도울 수 있는 은총을 하느님으로부터 받았기 때문입니다. 이 사업회가 성모 마리아를 닮아 어머니로서의 기능 즉 일치시키는 기능을 가지고 있는 점은 하나의 은총인데 이것이야말로 바로 이 사업회의 특은입니다.

실제로 우리 사업회에는 교구 사제들과 신학생들 혹은 **젠스**들도 참여하고 있으며 그들을 중심으로 '새본당 운동'이 태어났습니다. 이 사업회의 정신은 또한 처음부터 남녀 수도회의 많은 수도자들 사이에 스며들었으며 그들에게 많은 영신적 이익을 가져다 주었습니다.

또한 여러 해 전부터 전세계의 주교님들이 정기적으로 모임을 가지고 계십니다. 우리는 이분들을 이 운동의 친구 주교님들이라고

젠스(Gen's) : 신학생 젠을 뜻함.

부릅니다. 주교님들은 이 일치의 영성을 통해, 특히 교황님과 그분들 사이에서 그리고 주교님들 서로 사이에서 법적이며 윤리적인 단체성을 깊이 생활하고자 하십니다. 그분들의 수효는 현재 약 7백명입니다. 처음에는 바오로 6세 교황님께서 이 모임을 지지해 주셨고, 현재에는 요한 바오로 2세 교황님께서 늘 그분들의 이 같은 노력을 격려해 주십니다.

사제 포콜라리노나 수도자 포콜라리노의 특성은 무엇입니까?

이 사업회가 교회의 모습과 닮았기 때문에 그 안에 사제와 남녀 수도자들이 함께하는 것은 당연한 일입니다. 그들은 처음부터 이 사업회 안에 존재해 왔습니다. 무엇이 그들의 마음을 이끌었으며 지금도 이끌고 있는 것일까요? 그 이유는 예나 지금이나 똑같습니다. 그들은 대부분 덕성이 높고 겸손하며 인내심이 많은 분들로서 한마디로 '작은 성인들'이라고 할 수 있습니다. 그런데 이 영성을 통해 그들은 복음을 전하는 것도 중요하지만 무엇보다 먼저 복음을 생활화해야 한다는 사실을 새로이 깨닫게 된 것입니다.

수많은 사제들이 복음의 맛과 신선함을 되찾으면서 그들의 사생활과 사제 직무 수행 등에 변화를 가져왔습니다.

그들 역시 평신도들처럼, 그리스도교 정신이란 단지 하느님과의 개인적인 관계만을 뜻하는 것이 아니라 하느님과, 또한 이웃과의 친교를 뜻하며, 이웃과의 친교는 하느님과의 친교를 보장한다는 놀라운 사실을 깨달았던 것입니다. 따라서 그들은 형제들과 더불어 '성삼위를 본받아' 하느님의 모습을 따라 생활할 수 있게 되었습니다. 그리하여 사제는 이제 더 이상 고립된 사람, 접근하기 어려운 존재가 아닙니다.

그런데 그들의 사고 방식을 변화시킨 것은 바로 이 영성이었습니다. 사랑이신 하느님을 다시 발견하고 그분을 일생의 이상으로 선택함으로써 그들은 사제직을 절대화하지 않게 되었습니다. '직무 사제직'은 물론 매우 아름다운 성소이긴 하지만 어디까지나 하나의 성소일 뿐, 진정 가치 있는 것은 오로지 하느님이시기 때문입니다. 그들은 사람들의 진정한 봉사자로서 하느님의 뜻을 완수하라는 부르심을 받은 것입니다.

그들은 십자가에 못 박히신 예수님, 사제이시며 희생양이 되신 그분이야말로 자신들의 이상이며 모범이심을 알게 되었습니다. 이렇게 생활했을 때 사목 활동이 다시 활발해졌다고 그들은 말합니다. 현대인들에게 강한 거부감을 불러일으키는 모든 형태의 성직자 중심주의에서 그들이 해방되었음을 우리도 보고 있습니다.

한편 그들은 '마리아 사업회'라고 하는 커다란 가정 전체와 긴밀하게 접촉하면서 하나가 되어 생활하고 있기 때문에 권력에 대한 유혹에 넘어지지 않습니다. '마리아 사업회'에서는 모든 사람들 사이의 일치가 '보편 사제직' 안에서 갖게 되는 여러 가지 역할의 차이점보다 더 앞섭니다. 무엇보다 중요한 것은 사랑, 즉 하느님이시며 그들의 성직(聖職)이 사랑과 봉사가 아니라면 그것은 그리스도의 사제직에 위배되는 것이라고 성모님께서 늘 그들에게 일깨워주시기 때문입니다.

보조자도 없고 지도 신부도 없습니다

당신은 왜 굳이 당신의 사제들을 양성하고 계십니까? 왜 하느님의

방대한 포도밭에 있는 사람들 중에서 당신의 평신도 운동을 위한 보조자나 지도 신부를 찾지 않으십니까?

지금까지 말씀드린 교구 사제들은 이 운동의 영성을 생활하되 당연히 그들의 주교님께, 자기 교구에 그대로 연결되어 있습니다. 이 운동에 매우 열심히 참여하는 사제들의 수효는 전세계적으로 약 1,400명이고, 협조자 사제들은 12,000명가량 됩니다.

한편 평신도로서 이미 포콜라레에 들어가 생활하던 사람들 중에서 사제직의 성소를 받은 것이 확실해진 사람들이 있었습니다. 그와 때를 같이하여, 이 사업회가 전세계로 확장되면서 포콜라레 생활의 오랜 경험과 사회 내에서의 전문적 경험을 지닌, 그리하여 평신도 운동 고유의 필요에 보다 잘 부응할 수 있는 우리의 사제가 필요함을 느끼게 되었습니다. 그래서 의사, 노동자, 토목 기사, 교사, 건축가였던 몇몇 포콜라리노들이 소정의 충분한 준비를 갖춘 후 사제가 되었습니다. '마리아 사업회에 봉사하기 위해서' 였습니다.

그들의 모범은 마리아이십니다. 마리아께서 사제는 아니시지만 유일한 대사제(大司祭)이신 예수님의 어머니이십니다. 모든 사제들은 오로지 대사제이신 예수님 안에서 사제직의 의미를 발견합니다. 마리아께서는 복음을 구현하신 분이십니다. 복음은 그 본질이 사랑이므로 다음 세상에서도 남아 있게 되겠지만, 교계 제도와 성사는 더 이상 그곳에 존재하지 않을 것입니다.

우리는 이들 사제들을 보조자라고 부르지도 않고 지도 신부라고 부르지도 않습니다.

그들은 무엇보다도 포콜라리노들로 남아 있습니다. 그러나 그들은 사제직의 은총과 특별한 수련을 받았으므로 우리 운동의 모든 부문과 총본부에서 귀중한 '직무 사제직' 을 통해 봉사를 하고 있습니다.

수도자들은 한 번 더 수도자가 되는 것인가?

그토록 평신도적인 이 운동 안에 수많은 남녀 수도자들이 참여하고 있는 데 대해서는 어떻게 설명하시겠습니까? 그들을 위한 개인 성화의 길은 이미 그들 수도회의 회칙과 영성에 잘 명시되어 있지 않은지요?

이 질문에 답하기 위해, 저는 예수스 카스텔라노 체르베라[32] 신부님이 제가 쓴 《일치와 버림받으신 예수님》[33]이라는 책 서문에 기록한 내용을 읽어 드리고 싶습니다. 일치와 버림받으신 예수님께서는 우리의 영성을 상징하는 메달의 양면과도 같습니다. 그분은 이렇게 기록합니다.

"일치와 버림받으신 예수님 사이에는 불가분의 연관성이 있으며, 그것은 그리스도교 영성에 있어 완전히 새로운 깨달음이었다. 그것은 일치의 신비를 향해 크게 열려 있는 우리 시대의 교회에 주어진 하나의 계시요 카리스마요 은사이다. 교회는 우리가 머무는 이 세상에서 인류 안에 현존하시는 버림받으신 예수님의 모습과 마음을 알아보아야 할 커다란 필요성을 안고 있는 것이다.

---

32) 예수스 카스텔라노 체르베라(Jesus Castellano Cervera, Ocd) 신부는 로마 Teresianum 대학 교수이며 교황청 신앙 교리성과 수도회성(봉헌 생활회와 사도 생활단 성) 고문이다.

33) 끼아라 루빅, 《일치와 버림받으신 예수님》(Città Nuova 출판사, 1984).

일치와 버림받으신 예수님은 그분 체험의 절정이었다. 이 체험은 그리스도교 영성의 단순한 측면, 다른 것들 곁에 놓을 수 있는 그런 측면이 아니고 그리스도 메시지의 모든 핵심이 빛나고 있는 복음의 정상(頂上)이다.

그리스도교 영성의 정상이며 핵심인 일치와 버림받으신 예수님은 그 안에 복음적 영성의 커다란 원칙들을 모두 포함하고 있으며, 이 원칙들을 밝혀 주고 하느님 계획의 조화 속에 그것들을 다시 배치할 수 있는 능력을 지니고 있다.

그것은 모든 이가 자신의 성소 안에서 생활할 수 있는 보편적 원칙들이다. 그리고 개별적으로나 공동으로, 예수님의 정신을 그분과 같은 수준에서 생활할 수 있게 한다. 일치 안에서, 그리고 죽음과 부활의 뗄 수 없는 체험 중에서, 또한 고통에서 사랑으로의 계속적이고 빛나는 변화 속에서, 예수님께서 지니셨던 것과 똑같은 사랑의 감정을 지니고, 십자가에 못 박히고 부활하신 분께서 지니셨던 것과 똑같은 영을 지니고 생활할 수 있게 한다."

이 권위 있는 말씀은 왜 수많은 남녀 수도자들이 우리 운동에 참여하고 있는지 그 이유를 설명하고 있습니다. 그들은 우리의 영성으로부터, 그리고 '누구나 생활할 수 있는 그의 보편적 원칙들로부터' 양분을 취하며 그들의 영성을 더욱더 분명하게 깨닫게 되고 '그들의 영성을 하느님의 계획에 따라 조화롭게 제자리로 되돌려 놓을 수 있는 능력을 지닙니다.'

이 운동의 특은을 접하면서 남녀 수도자들은 그들의 창설자를 더 잘 이해하게 되며 장상들과 동료들을 새로운 눈으로 바라보게 되고, 모든 이들과 더불어 친교를 이루게 됩니다. 또한 그들의 공동체가 쇄신되며 그 결과 성소가 더욱 증가하게 됩니다. 그들은 다른 수도회의 회원들과도, 사제들과도 그리고 평신도들과도 하나가 되어 있음을 느낍니다. 결국 그들 역시 교회가 친교를 이루는 데 협력하게 되는 것입니다.

이 운동의 남자 수도자 회원은 약 19,000명이고, 여자 수도자 회원은 약 42,000명입니다.

소도시들

아무리 그렇다 할지라도 그렇게 많은 가지들, 그처럼 다양한 운동들과 사람들이 어떻게 모두 한 가족이라고 느낄 수 있을까요? 특히 어떻게 그들 서로간의 관계를 유지시키며 성숙되어 갈 수 있는지 그 점을 이해하기가 어렵습니다. 빈틈없는 조직이나 같은 이상을 공유하는 것으로 충분히 이런 조직체의 안정과 성장을 보장할 수 있다는 말씀은 하지 않으시겠지요?

물론입니다. 그것은 내면적이고 계속적인 교육을 통해서만 가능합니다. 즉 삶의 여정을 출발해서 마칠 때까지, 오늘날 흔히 말하듯이, 영신적인 뒷받침이 있을 때에만 비로소 가능한 것입니다.

이 같은 목적에서 많은 기구들이 차츰 이 운동 안에 태어났습니다. 이 기구들은 이미 제자리를 잡았으며 필수적인 것이 되었습니다.

그 중에 마리아폴리 센터라고 하는 것이 있습니다. 요한 바오로 2세 교황님께서 우리에게 내어주신 **카스텔간돌포**에 있는 마리아폴

카스텔간돌포 : 로마 근교 알바노 호숫가를 중심으로 형성된 주거지로서 교황 별장이 있는 곳이다.

카스텔간돌포의 마리아폴리 센터

리 센터 외에도 세계 여러 지역에 39개가 더 있습니다. 여기서는 여러 가지 수련 코스가 열리며 이를 통해 이 영성의 여러 측면을 더욱 깊이 묵상하고, 이 사업회에서 일어나는 일들에 대한 소식을 듣고, 특히 이 운동의 초창기로부터 유래한 고유한 생활 방식을 배우게 됩니다.

또 한 가지 특징적 기구는 삶의 증거를 보여 주는 소도시들입니다. 현재는 전세계에 13개가 있지만 그 숫자는 점점 늘어나고 있습니다. 이 사업회의 여러 성소에 속한 회원들이 이곳에 상주하고 있으며 이들은 성소별로 달리 마련된 교육 과정을 밟게 될 뿐만 아니라 작업장에서, 대인 관계를 통해, 학습이나 기도를 통해 영성을 생활화하고 있습니다.

이와 같은 소도시들은 현재 이탈리아 · 아프리카 · 아르헨티나 · 멕시코 · 미국 · 필리핀 · 에스파냐 · 스위스에 한 개씩 있고, 브라질에 2개가 있으며, 초교파적 교회 일치의 삶을 증거하는 소도시 하나가 독일에 있으며 있습니다. 호주의 멜버른과 벨기에에도 각각 하나씩 태어났으며, 곧 포르투갈과 폴란드에도 태어날 것입니다.

이 소도시들은 모두 같은 방법으로 조직되어 있습니까?

그들의 모습은 각기 다릅니다. 그들은 그 대륙의 환경에 적응하는 양상을 띠고 있습니다. 가장 먼저 태어난 소도시는 이탈리아 피렌체 근처의 로피아노입니다. 그곳에는 특히 젊은이들이 많지만 여러 나라에서 모여온 가정들이라든지 수도자들, 그리고 사제들도 있습니다. "내가 너희를 사랑한 것처럼 너희도 서로 사랑하여라"라고 하신 예수님의 계명으로 결속되어 있는 그들은 그곳을 찾아오는 수많은 방문객들에게 복음이 인간 사회의 법률이 될 때 세상이 어떻게 변할지를 보여 주고 있습니다.

아르헨티나의 부에노스아이레스 근교의 오히긴스에 있는 소도시는 농업과 축산에 기반을 두고 있습니다. 이 소도시는 사회 문제가 매우 심각한 세상에서 어떻게 땅을 경작해야 하는지를 가르쳐 주고 있습니다.

브라질 동북부에 위치한 레시페 근교의 소도시는 수공업을 주로 하고 있습니다. 이 소도시는 습지대의 판자촌인 모캄보스의 주민들에게 인간의 존엄성과 그리스도인의 존엄성을 안겨 주어야겠다는 생각에서 태어났습니다. 그들을 위해 품위 있는 집을 지어 주고 간단한 기술을 가르치거나 직업을 구해 주고 있습니다.

또 아라첼리라고 하는 소도시가 있는데 이 소도시 역시 브라질에 있는 것으로서 상파울루 근처에 위치하며, 이곳에는 주로 이 사업회의 모든 성소를 위한 양성 코스들이 있습니다.

아프리카 카메룬의 숲, 폰템에는 무(無)에서 태어난 소도시가 있는데 이 소도시는 병원, 학교, 야자유 공장, 벽돌 공장 등 일차적 원호 사업을 위한 건물들을 백인과 흑인들이 공동 협력으로 건설하고 있는 것이 그 특징을 이루고 있습니다. 이 소도시는 또한 제2차

세계 여러 지역의 포콜라레 소도시

바티칸 공의회가 원하는 바대로 교회 전체가 선교사가 되어야 함을 보여 주기도 합니다. 이 소도시는 평신도들에 의해 건설된 후 이 운동의 사제들이 합류했습니다.

마닐라 근교 타가이타이에 있는 필리핀의 소도시는 타종교들에 관한 지식을 넓히기 위해 건설되었습니다. 아시아의 종교적 전통 안에 간직되어 있는 말씀의 씨앗들을 발견하기 위해, 우리가 공동으로 지니고 있는 것들을 함께 강조하기 위해 건설된 것입니다.

한편 사회적 차원에서 마닐라 근교의 극빈자들을 어떻게든 돕기 위해 불교도 친구들과도 협력을 하고 있습니다.

스위스의 몬테에 있는 소도시는 국제 학교의 모습을 지니고 있습니다. 이곳에서는 남녀 포콜라리노들이 포콜라레의 생활을 시작할 준비를 하고 있습니다. 이 소도시와 독일의 오트마링에 있는 교회 일치의 소도시가 보여 주는 삶의 증거는 그곳을 방문하러 오는 가톨릭 신자들과 비가톨릭 신자들에게 큰 관심을 불러일으켰습니다.

가입이나 탈퇴는 자유로운가?

이 운동에 가입하려면 어떻게 해야 합니까? 그 어떤 공식적인 의무가 있는지요? 회원으로서 받아들여질 수 없는 조건이 있습니까? 있다면 어떤 것인가요? 또 이 운동을 탈퇴하는 것은 어렵지 않습니까? 그런 일이 종종 있는지요, 아니면 드물게 일어나는 현상입니까? 만일 그렇다면 그 이유는 무엇입니까?

이 운동의 구조를 보면, 이 운동의 정신과 일반 목적을 생활화하는 광대한 공동 성소를 반영하는 여러 부문이 있으며 사람들은 그 중 한 가지 부문에 속하게 됩니다. 따라서 포콜라리노, 젠, 솔선자, 사제 등 각자의 성소에 따라 그에게 주어지는 의무도 다릅니다.

보다 광범위한 의미에서의 이 운동의 회원들은 150만 명에 이르고 있는데, 이들은 이 영성에 이끌림을 받고, 개인적인 보살핌을 받으며, 여러 가지 활동에 참여하고 있습니다. 이들의 참여는 완전히 자유로우며 또한 원할 때에는 언제나 그 활동을 중단할 수 있습니다. 그들에게는 특별한 의무가 없습니다. 다만 영신적 성장에 필요한 양분을 얻기 위해 이 삶의 길을 따라가는 영신적 노력이 있을 뿐입니다.

이들 중 많은 사람들이 이미 시작한 영신 생활의 체험을 다른 사람들과 더불어 심화시키며 나누고 싶은 원의를 느끼게 됩니다. 그러면 그들은 이 사업회의 여러 부문에서 일할 수 있는 새롭고도 보다 열성적인 봉사의 길을 발견하게 됩니다.

포콜라리노들, 솔선자들, 젠들은 자신들의 약속에 충실해야 하며, 조직에게라기보다는 하느님과 자기 양심에 응답해야 하는 명백한 책임이 따릅니다.

요구되는 자격이 갖추어져 있지 않을 때는 어떤 부문에도 받아들여지지 않습니다.

이 운동은 세상 한가운데에서 생활하는 것이기 때문에 순전히 세상적인 것들에 마음이 다시 이끌려 이 운동을 떠나는 경우가 드물지 않습니다. 그런데 길기도 하고 짧기도 한 시련을 겪은 후에는 멀어졌던 사람들 대부분이 되돌아오는 것을 우리는 봅니다. 이 운동을 통해 체험했던 하느님과의 만남이 너무도 강한 것이어서 그들은 그것을 결코 잊을 수가 없었다고 말하곤 합니다.

선전이나 광고 없이

새로운 회원을 모집하기 위해 선전이나 광고를 합니까?

초창기부터 우리는 그 어떤 종류의 것이든 선전이란 우리 운동의 본질과 전혀 맞지 않는 것이라 느껴 왔습니다. 우리가 우리 사이에 그리스도께서 현존하실 하늘 나라를 얼마만큼이나 추구했는지에 따라 그만큼 많은 성소자가 태어나리라는 확신을 우리는 처음부터 가지고 있었습니다. 사람들을 부르시는 이는 그리스도이십니다.

지금도 우리는 같은 신념을 지니고 있습니다.

물론 회원들의 숫자는 놀랄 만큼 증가하고 있지만, 해가 더해 가면서 여러 곳에서 시급한 요청을 많이 받고 있기 때문에 늘 우리의 수효가 부족함을 느끼고 있습니다.

아버지의 수확을 다 거두어들이려면 훨씬 더 많은 일꾼들이 필요하기 때문입니다.

따라서 우리는 그 어느 때보다도 오늘날, 하느님의 사업을 이루어 가기 위해 새로운 일꾼들을 청하라고 하신 예수님의 권고[34]에 따라 기도해야 함을 느낍니다. 그러므로 책임자들은 많은 이들이 부르심을 받아 그들의 수효가 불어날 수 있도록 모든 주의를 기울이고 있습니다.

그러나 이 운동의 정신에 따른 삶을 살도록 권고하는 전형적인 방법은 초창기 때와 다름이 없습니다.

그렇지만 여러분은 서적이나 정기 간행물을 발행하고, 홍보 매체와 최신 통신 기술 등을 사용하고 있지 않습니까?

우리가 새로운 생활을 시작한 후 처음 몇 해 동안은 인쇄물에 대해서도 역시 일종의 경계심을 느꼈었습니다. '거룩한 모험'을, 생활화해야 할 정신을 문자로써 표현한다는 것은 불가능한 일이라는 생각이 들었기 때문입니다. 그것을 받아들여 자신의 것으로 만들기 위해서는 같은 삶을 살아가는 다른 사람들과 직접 친교를 이루면서 노력해야 하며 다른 방법은 없다는 생각을 했었습니다.

그러다가 1956년, 우리의 여름철 모임에 참석했던 백 명가량의 참석자들이 그 모임 후에 일어나는 일들에 대해서도 알 수 있게

34) 마태오 9 : 37 참조.

해 달라고, 계속해서 공동체 전체의 기쁨과 고통에 참여할 수 있게 해 달라고 끈질기게 요청함으로써 길이 트이게 되었습니다. 이렇게 하기 위해서는 기사를 써야 했고 경험담과 영신적인 묵상을 옮겨 적어야 했습니다.

그 다음에는 복사기를 생각하게 되었고, 구식 등사기를 사용하기 시작했습니다.

이렇게 해서 우리는 처음으로 인쇄물을 만들기 시작했습니다. 서로 사랑하기 위해 하나의 새로운 방법이 필요함을 알게 된 것입니다.

이렇게 해서 정기 간행물인 《치타 누오바》지가 창간되었습니다. 그 후 첫 단행본으로 《묵상집》[35]이 나왔습니다. 현재 이 운동 안에는 18개의 출판사가 있습니다. 그 중 이탈리아의 '치타 누오바' 사가 가장 발전한 형태입니다. 그러나 다른 여러 나라에도 이 운동의 출판사들이 있는데 대표적인 언어권으로는 독일어, 불어, 스페인어, 영어, 네덜란드어, 포르투갈어 등이 있습니다.

뿐만 아니라 전 사업회의 생활을 계속해서 알리며 또한 서로간에 교류를 도모하기 위해 우리는 시청각 자료를 이용해서 녹음하고 연락하는 등 치밀한 활동을 전개하고 있습니다.

이 같은 작업을 하기 위해서는 전문화된 기술 본부가 필요합니다. 그래서 우리는 **'산타 키아라 본부'**를 설치하게 되었는데 오디오 녹음(카세트 테이프)과 비디오 녹화의 두 부서가 있습니다.

또 한 가지 중요한 활동으로 합동 전화라고 하는 것이 있는데 우리는 전화를 통해 전세계 57개 본부를 동시에 연결하게 됩니다. 이

---

35) 끼아라 루빅, *Meditazioni*(Città Nuova 출판사, 1991), 20판.

산타 키아라 본부(Centro Santa Chiara) : 성녀 클라라 본부.

를 통해 우리는 한 가지 '묵상 자료'를 읽게 되며 또한 총본부와 여러 지역의 생활에 관한 보다 중요한 '소식'들을 전하게 됩니다. 매달 한 차례씩 갖는 이 만남의 순간에는 사업회 전체가 친교를 이루게 되며 세계 곳곳에 흩어져 있는 모든 회원들이 기쁨과 고통을 함께 나누면서 한 마음 한 뜻[36]이 됩니다.

포콜라레 회원들에게 있어서 가장 중요한 모임은 어떤 것들입니까?

세계 각 지역에서 어른, 젊은이, 평신도, 성직자 등 이 운동의 모든 회원들을 위해 매년 한 차례씩 열리는 '하루 마리아폴리'입니다.

이는 누구나 다 기다리는 모임입니다. 우리가 어떤 부문에 속해 있든지 이 모임에서는 모두가 한 가족임을 느끼게 되기 때문입니다. 여기서는 함께 일치의 영성 한 측면을 다룹니다. 전세계에 퍼져 있는 이 사업회와 회원들의 생활에 대한 소식, 새로운 환경이나 지역에 이 이상이 한 해 동안 어떻게 전파되었는지에 대한 소식을 전하기도 하며 보다 뜻깊은 경험담들도 나누게 됩니다.

또 이 모임은 원하는 사람들에게 그리고 교회에 나가지 않고 가톨릭 단체에도 참가하지 않는 가족이나 친지들에게 이 운동을 알려줄 수 있는 기회가 되기도 합니다.

---

36) 사도행전 4 : 32 참조.

여름 마리아폴리

이 운동의 또 한 가지 전형적 행사는 **마리아폴리**인데 이것은 1949년에 시작되었습니다. 이것은 여름철에 각 지역에서 열리는 며칠간의 모임입니다. 이 일시적인 마리아의 도시에서 시민들은 서로 사랑하는, 복음을 생활화하는 훈련을 합니다. 이렇게 해서 새로운 사회의 모형을 만듭니다. 하루 마리아폴리와 마찬가지로 여기에도 나이나 직업의 구분이 없이 사제, 평신도, 수도자 등 모든 사람들이 참석합니다. 믿음을 갖고 있지 않은 사람들이나 우리의 생활을 처음 접하는 사람들을 위해서는 각별한 주의를 기울이고 있습니다. 그리하여 그들은 삶의 체험을 통해 이 이상을 알 수 있게 됩니다.

뿐만 아니라 마리아 사업회 내의 모든 대중 운동들은 로마 총본부에서 하루나 이틀간의 대회를 정기적으로 열고 있으며 거의 모든 대륙으로부터 사람들이 모여와 이 대회에 참가합니다.

이런 모임들을 개최하는 목적은 무엇인지요?

일치된 세계를 건설하는 데 협력하는 것이며 이 목표를 달성하기 위해 사회, 가정, 젊은이의 문제에 답을 주는 것입니다.

예를 들면 '새인류 운동'에서 개최하는 모임의 특징은 복음의 이상을 사회의 여러 환경에 적용시킨 사례들을 깊이 알아보는 것, 일치를 겨냥한 주제들을 다루는 것, 시급한 사회 문제들에 대해 해답과 노선을 건의하는 것 등입니다. 또한 여러 지역과 여러 문화권에

마리아폴리 : '마리아의 도시'를 뜻함.

서 시도된 활동과 사업들에 대한 결과들도 보고합니다. 이들은 예술계, 정치계, 교육계 등 '**계**' 별로 조직되며, 여러 계층의 다양한 그룹의 일치를 증거하게 됩니다.

예를 들어 보건계 대회에서는 의사, 간호사, 환자, 자원 봉사자들이 한자리에 모여 서로의 경험을 나누면서 그들이 속한 작은 사회를 어떻게 그리스도의 뜻에 맞게 함께 건설할 수 있는지를 봅니다.

'새가정 운동'의 모임에서는 부부 사이의 관계, 부모와 자녀, 약혼, 입양, 별거 등 가정이 지니는 특수한 문제들을 다루고 가정 안에서 이룬 일치는 그 가정을 쇄신시키며 다른 이들을 향해 문을 열게 해 준다는 것을 보여 줍니다.

젠의 축제는 '일치된 세계를 위한 젊은이 운동'이 5년마다 한 번씩 개최하는 세계적 행사입니다. 이 행사를 통해 젊은이들은 그 동안 해온 작업을 결산하고 앞으로의 일을 구상합니다. 일치로 인도하는 다양한 길들, 즉 세대간의 일치, 서로 다른 민족간의 일치, 인종들 사이의 일치, 백성들 사이의 일치, 문화들 사이의 일치, 사회 계층간의 일치, 그리고 인간과 자연과의 일치 등을 위한 일들을 계획합니다. 뿐만 아니라 이 행사는 많은 젊은이들에게 우리의 메시지를 전하며 이를 여론화할 수 있는 좋은 기회가 됩니다. 그러나 무엇보다도 젠의 축제는 일치의 정신을 깊이 체험하는 순간입니다. 모든 것이 일치의 정신에서 시작되어야 합니다. 현황 보고, 개인이나 그룹의 경험담, 무언극, 춤, 노래 등으로 진행되는데 모든 것이 세계를 좀더 일치시키려는 목표를 지니고 있습니다.

'일치를 위한 청소년 운동'은 '일치된 세계를 위한 젊은이 운동'과 같은 노선 위에서 일하고 있지만 이것은 청소년들을 위한 것이

계 : 분야.

며 그들은 정기적인 모임을 가지고 있습니다.

'새본당 운동' 대회는 일치의 영성을 전함으로써 본당을 살아 있는 공동체로 변화시키는 데 기여하고자 합니다. 그리하여 신자들이 본당 신부를 중심으로 더욱 깊이 일치하게끔 힘을 주며 모든 이들 사이에 형제적 친교의 관계가 태어나게 하고 본당 내에 존재하는 여러 단체들간에는 대화를 증진시킵니다.

모든 이에게 열려진 모임

그 외에도 각 부문에서 어느 정도 중요성을 띤 모임들을 엽니다. 남녀 포콜라리노들, 남녀 솔선자들, 남녀 젠들, 사제들, 남녀 수도자 회원들을 위한 모임이 열립니다.

우리 운동이 주관하는 모든 모임들의 특징은 가톨릭 신자들만이 아니라 다른 교단의 그리스도교 신자들, 타종교 신자들, 그리고 종교는 없으나 일치의 정신에 의해 이루어진 이 가정에 매력을 느낀 사람들 모두가 다 함께 참여하고 있다는 점입니다.

또한 이 운동 총본부나 각 지역, 특히 그리스도인들의 일치에 관여하는 지역에서는 교회 일치 모임들을 열고 있습니다.

포콜라레의 재원은 무엇입니까?

세 가지입니다. 곧 하느님의 선물과 재산의 공유 그리고 노동입니다.

이 사업회의 회원들은 무엇보다 먼저 하느님의 섭리에 자신들을 맡깁니다. "너희는 먼저 하느님의 나라와 하느님께서 의롭게 여기시는 것을 구하여라. 그러면 이 모든 것도 곁들여 받게 될 것이다"[37]라는 복음 말씀은 우리 경제 생활의 기초입니다. 복음을 실천하면서 하느님의 나라를 구하고 있으므로, 우리가 무언가를 필요로 할 때에는 **아버지**께서 개입해 주시리라는 확신을 가지고 있습니다. 우리는 이 같은 체험을 계속해 오고 있으며 우리의 마음은 감사의 정으로 가득 차곤 합니다. 하느님의 선물이 끊인 적은 한 번도 없을 뿐 아니라 늘 풍성히 도착하므로, 하느님의 선물은 마리아 사업회의 첫번째 재원으로 간주됩니다.

그 다음에는 재산의 공유가 있습니다. 전쟁 중 트렌토에서 포콜라레를 중심으로 첫번째 공동체가 태어났을 때, 그 수효는 수백 명에 이르렀습니다. 이들 중 30명 정도는 경제적으로 매우 큰 어려움에 처해 있었습니다. 그러므로 모두가 매달 내어줄 수 있는 금액을 가지고 왔으며 직장이 필요한 사람들을 위해서는 일자리도 열심히 찾아보았습니다. 이렇게 해서 형제에 대한 사랑으로부터 자연스럽게 재산의 **공유**가 태어나게 되었습니다. 재산의 공유와 도움을 필요로 하는 것을 공유하는 것은 이제 포콜라레 운동의 경제 측면의 생활 태도로 뿌리를 내렸습니다.

"그 많은 신도들이 다 한 마음 한 뜻이 되어 아무도 자기 소유를 자기 것이라고 하지 않고 모든 것을 공동으로 사용하였다"[38]라는 말씀으로 묘사된 초대 교회의 삶을 본받아 모두가 이처럼 생활하

---

37) 마태오 6 : 33.

공유 : 포콜라레에서는 가진 것을 내어놓는 행위에 못지않게 자신의 어려운 사정을 말하고 도움을 받는 행위도 중요하게 생각한다.

38) 사도행전 4 : 32.

고 있습니다.

가진 것을 함께 나누다

그런데 각 부문에서의 재산의 공유는 저마다 특징을 지닙니다. 출선자들은 각자 가정에서의 의무와 사회적 책임을 고려하여 자유로이 결정한 여분을 정기적으로 내어놓습니다.

젠들은 열정적으로 그리고 너그럽게 그들이 가지고 있는 것 모두를, 즉 물질적인 재산과 재능을 계속해서 내어놓고 있습니다. 애덕은 그들로 하여금 사업회와 세상의 시급한 필요를 알아보고 즉시 도움의 손길을 뻗치게 합니다. 다른 젊은이들과도 힘을 합해서 전쟁이나 자연 재해 등으로 인한 치명적인 상황에 대처하곤 합니다.

청소년들, 심지어는 어린이들까지도 이 나눔의 삶에 동참합니다. 같은 또래의 가난한 친구들을 위해 가장 아끼는 장난감을 내어놓는다든지 혹은 여러 가지 작은 활동들을 벌이기도 하는데 이 활동에 어른들도 참여하도록 하는 경우가 종종 있습니다.

사제들은 자신이 마음대로 사용할 수 있는 것들을 함께 나누기 위해 내어놓습니다. 경제적 어려움에 처한 다른 동료 사제들을 도와주며 사업회 안에서 이루어지는 공유의 삶에도 동참합니다.

한편 '새가정 운동'에 참여하는 가정들은 서로 놀라울 만큼 나눔의 삶을 살아갑니다. 그들은 가정의 모든 경제를 복음의 정신에 입각해서 살아야 한다고 생각합니다. 그들은 다른 지역이나 다른 나라 가정들과도 재산을 공유함으로써 보편적인 형제애를 실현하려 하고 있습니다.

예를 들면 최근에 여러 사정상 레바논을 떠나와야만 했던 가정들을 돕기 위해 그들은 유럽 전 지역에서 머물 곳을 마련해 주었으며, 생계를 위해 일자리를 찾아주었고, 모금을 해서 레바논에 남아 있는 가정들이나 혹은 레바논으로 돌아간 가정들의 어려움들을 지금까지도 도와주고 있습니다.

끝으로 포콜라리노들이 있습니다. 그들은 재산을 공유함에 있어서 "너희 가운데 누구든지 나의 제자가 되려면 자기가 가지고 있는 것을 모두 버려야 한다"[39]라고 하신 예수님의 말씀을 글자 그대로 따르도록 부름을 받았습니다. 포콜라레에 최종적으로 받아들여지기 전에 그들은 자신의 소유를 다 내어주며 장차 받게 될 유산 또한 내어놓습니다. 그리고는 매달 노동을 해서 번 것을 공동으로 사용합니다. 기혼 포콜라리노들도 개인적으로 가난을 살며 영신적으로는 모든 것에서 애착을 끊습니다. 그리고 자신이 사용할 수 있는 것을 모두 내어놓으면서, 혹은 자신이 필요로 하는 것을 받아들이면서, 포콜라레에서 재산의 공유를 삽니다.

결국 성령께서 우리에게 경제를 이해하는 하나의 새로운 방법을 제시해 주셨다는 생각이 듭니다. 우리는 더 이상 미래를 위해 절약하거나 저축해야 한다는 지나친 불안에 잠기는 일이 없습니다. 두 가지 새로운 요소가 우리의 생활 속으로 들어온 것입니다.

하느님의 선물과 재산의 공유가 그것입니다. 하느님의 섭리가 이런 것인 줄을 전에는 몰랐지요. 이제는 이를 우리의 수입과 지출에도 넣게 되었습니다. 그리고 재산의 공유는 우리로 하여금 가난한 이의 자유를 체험하게 합니다. 기쁘게 내어줄 때 얻는 결실이지요.

---

39) 루가 14 : 33.

모두가 일합니다

우리의 세 번째 재원은 노동입니다.

우리는 모두 노동에 대해 높은 개념을 가지고 있습니다. 노동이야말로 하느님의 뜻임을, 또한 집단 내에 현존하시는 예수님께 대한 봉사임을 알고 있습니다. 이 사업회에 속한 사람들은 모두 일을 합니다. 선교의 삶과 하느님께 대한 봉헌의 삶에로 부름을 받은 포콜라리노들도 일을 합니다. 예수님께서 일을 하셨기 때문에 그들도 일을 합니다. 우리 운동에 대한 첫 영감을 받았던 그 나자렛의 작은 집에는 세 분의 노동자들이 사셨으므로 포콜라리노들도 일을 합니다. 그러나 그들은 복음이 말하는 바와 같이, 일에 대한 애착을 버리고 일을 합니다. 따라서 사업회의 발전을 위해 필요할 때면 언제라도 직장을 바꾸거나 그만둘 태세가 되어 있습니다.

우리는 이 같은 정신에 의한 노동과 모든 이에 의해 실현된 재산의 공유는 어디서나, 특히 동유럽 국가들에서 그리스도적 삶의 산 증거가 되어 신앙의 문이 열리게 되는 것을 보았습니다.

재산 관리 통제 기구가 있습니까? 계산서를 제출해야 하는 의무가 있으며, 예산 결산은 결재를 받아야 하는지요? 관리 기준은 무엇입니까?

이미 말씀드린 바와 같이 마리아 사업회 영성의 두드러진 특성은 일치입니다. 일치가 삶의 모든 측면을 이끌어 갑니다. 경제와 같은 매우 구체적인 측면까지도 그렇습니다. 삶의 모든 측면이 서로 간의 사랑에서 피어나야 합니다.

그러니 관리면에 있어서도 당연히 이 원칙이 적용되어 모든 것이 형제들에 대한 선물이 되며 봉사가 되어야 하는 것입니다.

이 사업회의 모든 부문에서 관리 업무 역시 직접 관여하는 모든 사람들 사이의 계속적인 교류를 반영하며, 따라서 모든 것이 투명한 상태에서 수행됩니다.

각 부문과 주요 사업체들은 그들의 재정을 정기적으로 보고하고, 해마다 예산 결산 보고서를 제출하여 사업회 총본부의 승인을 얻습니다.

공통적인 운영 기준은 모든 부문과 기구들이 가능한 한 경제적으로 자급 자족하는 것입니다.

사업회 총본부의 생활은 주로 여러 부문과 주요 사업체들간에 이루어지는 재산의 공유로 충당됩니다. 한편 하느님의 선물로 도착하는 것은 선교 활동과 이 운동의 발전을 위해 사용됩니다.

세계의 여러 지역에서도 매달 그들의 경제 상황을 간략하게 보고하며 그들이 하는 여러 활동에 대한 결산서를 해마다 제출합니다.

사업회 본부는 모든 관리를 면밀히 살피지만 결코 감시 행위가 아니라 오히려 서로를 돕기 위해서입니다. 서로 도울 때 모두가 확신감을 가지게 됩니다.

한편 이 운동은 사회 구조에 속해야 하므로 국가법이 인정하는 법적 형태를 지니며, 따라서 각 나라의 법적 · 세무적 규정을 준수합니다.

이 운동에 보다 큰 법적 · 경제적 견고성을 부여하고자 하시나요, 아니면 현재와 같은 상태로 족하다고 생각하시나요?

앞에서도 말씀드렸듯이 우리는 교황청으로부터 막 이 사업회의 새로운 회칙을 인준받고 크나큰 기쁨에 싸여 있습니다. 이 수정 보완된 회칙은 여러 부문의 규칙들과 함께 오늘의 이 사업회의 현실을 그대로 반영하고 있습니다.

이 회칙은 1990년 6월 29일 교황청 평신도 평의회로부터 인준을 받았으며, 우리에게는 그 위원장이신 피로니오(Pironio) 추기경님에 의해 1990년 6월 30일에 공식적으로 전달되었습니다. 이 회칙은 다른 규칙서들과 더불어 우리의 법적 개요뿐 아니라 경제적 측면에 대해서도 묘사하고 있습니다. 우리는 이에 대해 만족하게 생각하고 있습니다.

그러나 우리는 성령께서 원하신다면 우리에게 드러내 보여 주실지도 모르는 앞으로의 모든 형태의 발전에 대해 열린 마음을 지니고 있어야 한다는 생각을 가지고 있습니다.

제6부

대화

좋은 이웃

여러분은 교회 내의 다른 단체들('가톨릭 액션', '친교와 해방', '가톨릭 스카우트' 등)과 좋은 관계를 맺고 있습니까?

이미 여러 차례 말씀드린 바와 같이 우리의 목표는 일치를 실현하고 강화하는 데 이바지하며 세상이 보편적 형제애를 향해 나아가도록 돕기 위해 교회 안에서 그리고 교회와 함께 일하는 것입니다.

그러므로 가톨릭 교회 내의 다른 단체나 운동의 회원들과 더불어 그리스도인으로서 존경과 신뢰의 관계를 맺고 유지시켜 나가는 것은 우리의 노선과 잘 맞는 일입니다. 우리는 국제적인 차원에서 그리고 우리 운동이 존재하는 여러 나라에서 모든 이들과 영신적이며 구체적인 도움의 관계를 맺고 있습니다.

지금까지 우리는 교회 장상들의 요청에 따라 다른 가톨릭 운동 단체들과 잘 협력해 오고 있습니다. 사목 위원회, 평신도 평의회와 같은 자문 기구들뿐만 아니라 교리, 가정, 교회 일치 등을 위해서도 일했습니다. 그 밖에도 교회가 특별히 지정해 준 여러 가지 행사에 함께했으며 가정 상담, 생명 수호 운동, 약혼자들을 위한 연수 등과 같은 다른 활동에도 참여하고 있습니다.

그 중 몇 가지 예를 들면, 우리는 '가톨릭 액션', '친교와 해방', '오푸스 데이', '생명 운동' 그리고 기타 몇몇 단체들과 함께 1984년의 가정 성년 행사를 위해 일했으며, 같은 해 4월에 열렸던 세계 젊은이 대회, 그리고 부에노스아이레스와 산티아고 데 콤포스텔라에서 열렸던 세계 젊은이 대회 등을 위해 아름다운 조화를 이룬 가운데 함께 일했습니다. 또한 1991년 8월에 체스토코바에서 열린 젊은이들의 큰 모임을 위해서도 함께 일했습니다.

저마다 지니고 있는 고유한 은총

이 모든 경험에서 한 가지 결론을 끌어내려 한다면, 우리는 포콜라레 운동 47년간의 삶을 통해 교회라는 한 어머니를 모신 자녀들 간에 서로 협력한다는 것이 그 얼마나 그리스도인다운 일인지를 확인했다는 것입니다.

동시에 우리의 오랜 경험으로 보아 교회 안에 존재하는 각 운동은 자신이 지닌 대부분의 에너지와 시간을 자신의 특은과 목표의 특수성에 따라 사용해야 한다는 것입니다.

사실 각 운동이 자신의 특은을 따르지 않는다면 결국 자신의 성소와 하느님께서 그 운동을 태어나게 하신 동기를 저버리는 일이 될 것입니다. 아버지께서 당신 교회에 보내 주시는 선물인 특은들은 모두 신비체를 위한 약이기도 하므로 이 약이 모자라게 해서는 안 되기 때문입니다. 특히 하느님께서 이 약을 보내시는 그 시기에는 그것이 그 시대의 악에 대항할 수 있도록 그리스도인들을 보강시켜 주고 무장시키는 데 결정적인 역할을 할 수 있습니다.

또한 로마 교회나 지역 교회 권위의 주관 아래 교회의 요청에 따라 여러 운동이 서로 협력할 때에 결실을 맺게 되며, 그럴 때 저마다 지닌 과업을 충실히 이행할 수 있게 된다는 사실을 말씀드리고 싶습니다.

이같이 운동들이 뚜렷한 목표를 위해 그때그때 교회측 대표의 시선 아래에서 깊이 동감하는 사업들을 이루려 주력하면서 함께 일하는 것이 습관화된다면, 혹시 있을 수도 있는 모든 편견들은 저절로 무너질 것이고 형제적 존경심과 친교가 자라나게 될 것입니다. 그리하여 지금까지 기대해 보지 못한 커다란 결실들을 거두게 될 것입니다. 무엇보다도 세상이 그리스도인들에게 기대하고 있는 일치의 증거를 통해 더욱 그렇게 될 것입니다.

위에 언급된 여러 운동들 중 포콜라레는 어느 운동과 더 가깝게 느끼는지요?

우리의 경험에 의하면, 두 운동 사이에 그 어떤 유사점이 있다 할지라도 이 점에 끌려서 다른 운동들과의 관계에서 찾아볼 수 없는 특별히 가까운 관계를 맺고자 해서는 안 된다는 것입니다. 우리 운동의 역사상 우리는 우리와 흡사한 운동과의 보다 활발한 협력과 더 나아가 통합까지를 생각했던 적이 몇 차례 있었습니다.

그런데 양측이 참으로 좋은 뜻에서 최선을 다했음에도 불구하고 두 운동의 회원들에게는 방황하는 결과만을 가져왔을 뿐입니다. 아무런 결실도 맺지 못한 채 시간만 허비한 경험들이었습니다.

아무리 유사한 특은들이라 할지라도 그들 사이의 차이점은 상상할 수 없을 만큼 큽니다.

그 대신 교회 권위의 원의에 따라 뚜렷한 목적 아래 구체적인 활동을 정해진 기간 내에 전개하기 하기 위해 이루어지는 협력은 유익할 뿐 아니라 자못 기대되는 일이라는 사실을 다시 한 번 강조하고 싶습니다.

허무가 낳은 현대의 악(惡)

현대 사회는 세 가지 도전을 받고 있습니다. 사회 생활의 붕괴, 마약과 알코올과 폭력에로의 도피, 그리고 이기주의와 쾌락의 추구에서 오는 소비주의가 그것들입니다. 여러분은 이에 대해 어떻게 대처해 나가고 계십니까?

우리 사회의 특징이 되고 있는 이 같은 도전들은 인간의 마음에서 하느님을 제거하고 그 자리에 끝없는 공허감을 남기는 문화와 사회의 소산입니다. 사람들은 다른 것들로 이 공허감을 채우려 하지만 행복을 찾기는커녕 오히려 더욱 황폐해질 뿐입니다.

하느님께로부터 떨어져 나온 인간은 더 이상 인간이 아닙니다. 하느님을 되찾을 때에만 그는 다시 본래의 자기 자신으로 돌아갈 수 있습니다. 사람들의 마음에서 하느님을 뿌리째 뽑아 버리기 위해 갖은 수단을 다 동원했던 동유럽의 경험이 이것을 말해 주고 있습니다.

그런데 어떻게 하면 하느님을 되찾을 수 있을까요? 우리는 묵은 자신에서 벗어나 사랑을 행하는 길로 사람들을 이끌 필요가 있음을 체험했습니다. 사랑이 있는 곳에 하느님께서 계시기 때문입니다. 복음을 생활화하는 것, 사랑의 복음을 실천하는 것이야말로 이 사회의 병을 치료할 수 있는 약이며 구체적인 면에서 실효를 거두는 사업들을 낳게 해줄 것입니다.

약 50년의 세월을 지나오는 동안, 전세계에 퍼져 있는 이 운동의 회원들과 여러 공동체들은 사회를 무너뜨리려는 세력들에 대해 가능한 한 모든 방법들을 다 동원하여 이에 답을 주고자 했습니다. 특히 정치적, 사회적 측면에서 불길에 휩싸여 있는 지역에서는 이미 여러 규모의 활동들이 이루어지고 있습니다. 이 같은 사업들은 무너져 가는 사회에 대해서는 사랑의 침투를, 소비 성향에 대해서는 그 반대 성향을, 향락과 폭력에로의 도피 행각들에 대해서는 단호히 시대를 거슬러 가는 삶을 증거하고 있습니다.

그 구체적인 예로서 이 운동은 1990년 한 해 동안만 해도 레바논, 파나마, 동유럽, 이란, 지진이 일어났던 필리핀 등을 위해 매우 다양한 방법으로 일했습니다. 또한 1990년 2월에는 교황님의 호소에 따라 사헬 지역을 위한 사업도 시작했으며 현재 활발히 진행시켜 가고 있습니다.

'내민 손'

여러 해 전부터 세계 여러 나라, 특히 사회적 불균형이 매우 심한 곳에서 빈부의 격차를 없애기 위한 방안들과 참되고 적절한 사회 사업들이 태어났습니다.

남미 대륙 전체에서 가장 가난한 나라 중의 하나인 브라질의 북부 한 지역에서는 '마니피캇' 이라고 불리는 사업이 진행되고 있습니다. 이 지역의 여러 공동체들이 생산하는 농산물의 질을 향상시키고 그 양을 증가시키려고 노력하는 것입니다. 사회적, 경제적으로 극히 어려운 상황에 처해 있는 만큼 '마니피캇' 사업을 통해 이루어지는 일들은 깊은 의미를 지닙니다. 많은 어려움 속에서도 이 사업이 '재산의 공유' 를 기초로 해서 발전을 가져오고 있기 때문입니다. 이 같은 발전은 가난한 계층의 사람들을 자발적으로 참여하게 하고 그들의 생활을 향상시키는 긍정적인 결과를 낳기 시작했습니다. 따라서 이 사업은 이 지역의 미래를 위해서도 계속 중요한 역할을 하리라 생각합니다.

또 하나의 예로 필리핀을 들 수 있습니다. 마닐라, 타가이타이, 세부, 다바오에는 **'부카스 팔라드'** 즉 '내민 손' 이라는 의미 있는 이름이 붙여진 사회 사업 본부들이 태어났습니다. 여기서는 부자와 가난한 사람들이 함께 서로 상대편을 존중하고 사랑함으로써 하나가 되어 교육 활동, 위생 활동, 원호 활동 등을 벌이고 있습니다. 이들은 글 깨우치기, 위생, 영양, 일반 교양 등의 프로그램을 진행해 나가고 있습니다.

그리고 직업별(의사, 예술가, 노동자, 정치가 등) 모임을 가지며 각자의 경험을 나누기도 합니다. 또한 일상적인 분열과 대립을 넘어 교류를 이루기 위해 앞에서 말씀드렸듯이 계(界)별로도 모임을 갖습니다. 전세계적으로 자료의 비교와 교환을 통해 여러 학년과

부카스 팔라드(Bukas Palad) : '너희는 거저 받았으니 거저 주어라' 는 복음 구절에 따라 도와주거나 도움을 받기 위해 '내민 손' 이라는 뜻.

필리핀의 '부카스 팔라드' 센터 ▶

▼'부카스 팔라드' 사업들 중의 하나인 의료 사업

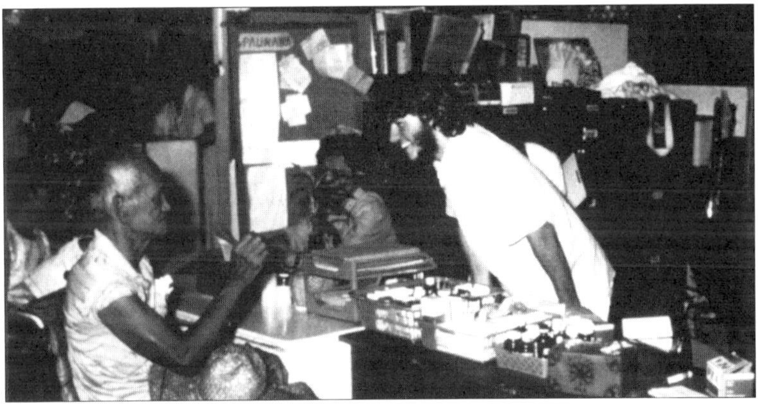

학급의 수준에 알맞는 평화 교육 프로그램을 만드는 교사들도 많이 있습니다.

항거 문화

마약, 알코올, 폭력에로의 도피에 관해서는, 그 첫번째 원인이 이상과 가치의 결여 그리고 고독감에 있음을 알게 되었습니다.

우리는 큰 이상을 만났다는 것을 인식하면서 이 이상을 다른 사람들에게 전하고자 합니다. 그리고 절망적인 고독에 대해서는 친교의 삶이 가능하다는 것을 보여 줌으로써 이에 답하고자 합니다.

마약이나 알코올 중독자, 도박자들을 위해 많은 활동이 이루어지고 있습니다. 예를 들면 스위스에서는 이 운동의 회원 한 그룹이취리히의 플라츠스피츠 시민 공원에 모여 살고 있는 마약 중독자들과 대화를 시작했습니다. 물론 말로 이루어지는 대화이지만 무엇보다도 행동이 앞서는 대화입니다. 전문가와 공공 기관들의 협력을 통해서도 이들은 많은 젊은이들이 다시 정상적인 사회 생활로 돌아가거나 이에 접근하도록 돕고 있습니다.

끝으로 작은 것일지는 모르겠지만, '항거 문화' 조성을 위한 한 가지 활동이 있습니다. 오늘의 사회를 소비주의, 쾌락주의, 현실 도피, 폭력에로 몰고 가는 힘에 맞설 수 있는 '항거 문화'를 이루려는 것입니다. 즉 어린이들과 어른들이 텔레비전 프로그램에 대해 성숙하고 비판적인 선별을 하게 하는 것입니다. 어느 연령을 막론하고 이 운동의 모든 회원들 사이에서는 실지로 텔레비전 보는 것을 절제하는 캠페인이 벌어지고 있습니다. 텔레비전이 참으로 정보와 성장을 위한 도구가 되게 하기 위해서입니다.

'새 가정'

우리가 살고 있는 이 시대에 가정은 어려움과 소외라는 특별한 상황에 처해 있으며 그 결과 가정의 정체성마저 상실될 우려를 낳고 있습니다. 당신이 창설하신 이 운동은 이 문제에 어떻게 대처하고 있으며 어떤 대안을 내놓고 있습니까?

가정은 이 운동 안에서 소중한 자리를 차지하고 있습니다. 오늘날 가정 위에 회오리바람이 불고 있는 것은 사실이지만 또한 많은 경우에 바로 가정으로부터 사람들과 사회의 치유가 시작될 수 있기 때문입니다.

이 목표를 달성하기 위해 마리아 사업회 안에 오로지 가정에만 관련된 부문이 하나 태어났습니다. 이것이 바로 1967년에 태어난 '새가정 운동'입니다. 새가정 운동은 대중 운동으로, 전세계에 퍼져 있으며 여기에 참여하는 사람들의 수효는 20만 명 이상이고 그들 주변에는 매우 방대하고 이루 헤아리기 어려울 만큼 많은 협조자들이 있습니다. '새가정 운동'의 탄생과 발전에는 첫 기혼 포콜라리노였던 이지노 조르다니가 결정적인 기여를 했습니다.

이 운동에 속한 가정들은 참된 가치를 제시할 줄 알며 커다란 영향력을 지닙니다. 그들은 억압적이 아닌 진정한 인간 관계 속에서 일치를 이루며 주변 사회로 열려 있습니다.

그들은 세대간에 무너진 관계를 회복시키고 노인들의 역할을 재발견하면서 새 생명과 자녀들을 위해 올바른 선택을 하고 있습니다. 이들의 산 증거는 많은 결실을 맺습니다.

대회, 하루 모임, 수련 학교, 공동 휴가, 인쇄물 및 기타 대중 매체들은 '새가정 운동'의 활동을 위한 도구이며 수단들입니다.

그러나 우리 가정들은 무엇보다도 삶에 중점을 둡니다. 각자에 대한 하느님의 개인적인 사랑에 응답하기 위해 부부가 개별적으로 하느님을 선택하며 이것이 그들 삶의 뿌리가 됩니다. 이 같은 선택은 부부와 가정의 기초가 되는 사랑을 계속 재생시키고 재활시킵니다. 따라서 그리스도께서 그분의 이름으로 모여 있는 이들 가운데 함께 계신다고 하신 약속이 가정에서도 이루어지지 않을 수가 없습니다. 그러므로 그리스도 신자 가정이 꼭 해야 할 일은 이지노 조르다니가 말했듯이, "집안에 항상 이 사랑의 불을 밝혀 놓고, 그 열기를 집 밖으로, 사회로 전함으로써 모든 이가 한 가정이 되게 하는 것"입니다.

우리 가정들이 주위의 사회 구조에 이처럼 관심을 기울이는 것은 그들의 숨겨진 열정이라고 할 수 있습니다. 인류의 윤리가 땅에 떨어지고 전세계 가정이 비극적 고통을 겪는 것을 보면서 그들은 '나의 하느님… 어찌하여…' 라고 부르짖으며 죽어가시는 그리스도의 모습을 발견하기 때문입니다. 따라서 별거한 이, 고아, 외로운 이들, 불구자, 마약 중독자, 노인, 시한부 환자, 소외된 사람 그리고 우리 사회의 여러 가지 불상사가 낳은 모든 희생자들은 우리 가정들의 특별한 사랑의 대상입니다.

'새가정 운동' 은 가정들을 치유함으로써 마리아 사업회의 목표를 실현시키는 데 협력합니다. 곧 하느님의 모든 자녀들이 서로 일치하도록 돕는 것입니다. 그리고 사업회를 통해서 가정들은 참으로 큰 믿음과 힘을 얻게 되므로, 때로는 우리의 공동체들을 돕기 위해 자신들의 조국을 떠나 먼 지역으로 이주해 가기도 합니다. 이미 1백여 가정이 이주했으며 이들은 이 운동 전체의 중요한 기점들이 되고 있습니다.

동유럽을 위한 '할부금'

철책, 장벽, 국경 들이 무너져 내렸습니다. 동유럽이 복음에로 열린 지역이 되었습니다. 포콜라리노들은 이 사실을 염두에 두고 있나요?

바로 며칠 전에 생생히 되살아난 일화 하나를 말씀드리고 싶습니다. 1961년 우리들 중 두 사람에게 헝가리에 갈 기회가 주어졌습니다. 동유럽에서도 가장 큰 환란을 겪고 있던 나라였지요. 건물 벽에는 극심한 억압의 흔적이 아직도 남아 있었습니다. 불안한 분위기에 두렵기까지 했습니다. 무엇보다도 그 어떤 구제책이나 도움도 가져다 줄 수 없다는 생각이 우리 마음을 무겁게 했습니다. 마치 우리가 직접 겪고 있는 문제인 듯 커다란 고통을 느꼈습니다.

로마 본부로 돌아와 그곳의 처참한 생활에 관해 이야기하던 중 우리는 한 가지 생각이 떠올랐습니다. 이 생각에 우리는 위로를 받았고 한 가닥의 희망이 보이는 듯했습니다. 우리는 서로 이렇게 말했습니다.

"우리는 이 문제를 해결하는 데 기여하고 싶다. 그러나 그처럼 큰 은총을 얻어내기 위해서는 크나큰 대가가 요구될 것이다. 우리가 그 대가를 다 치를 수는 없을 것이다.

그러나 한 가지 일은 할 수 있을 것이니, 곧 조금씩 나누어 지불하는 것이다. 보통은 사람들도 우리가 집이나 가구나 자동차 등을 할부로 살 수 있게 해 주는데 하물며 하느님께서야 그들보다 우리를 더 잘 대해 주시지 않겠는가?"

그래서 우리는 우리의 삶을 하느님께서 거두어 가실 때 이 목표를 위한 할부금으로 바쳐 드리겠다고 생각했습니다. 그 후 우리 중 누군가가 모든 것을 바치면서—대부분 교회와 이 사업회를 위해—세상을 떠날 때면 자신을 가리켜 '할부금'이라고 말하곤 했습니다.

우리는 이 특별한 지향을 기억하지 못할 수도 있겠지만 하느님께서는 물론 그것을 잊어버리지 않으셨습니다. 이렇게 해서 이제 하느님께서는 1960년대부터 오늘에 이르기까지 유럽과 타대륙의 여러 나라에서 믿음과 자유의 승리를 위해 기여하면서 우리 곁을 떠나간 회원들 1천여 명을 '할부금'으로 헤아리실 수 있게 되었습니다. 우리는 정말 그렇기를 바랍니다

그 후 생각지도 못했던 길과 하느님께서 마련하신 기회를 통해 이 운동의 영성은 동유럽의 거의 모든 나라에 전파되었고, 참으로 많은 사람들에게 위로와 기쁨과 희망을 주었습니다. 그러므로 포콜라리노들은 그처럼 큰 수난을 겪고 있는 그곳 사회와 그곳 교회들을 항상 마음에 두고 있었습니다.

그러면 동유럽의 나라들을 위해 특별히 어떤 일을 하려고 생각하십니까?

동유럽에서 이 운동이 꼭 이루어야 할 과업이 한 가지 있다고 우리는 확신하고 있습니다. 그런데 그곳에는 이미 수천 명의 회원과 협조자들이 있습니다. 우리는 그 지역 사람들이 크게 두 가지 태도를 취하고 있음을 봅니다. 하나는 자유의 편에 서 있는 사람들로서 이들은 마침내 자유를 획득하게 된 데 대해 커다란 기쁨을 느끼고 있습니다.

다른 사람들은 과거를 잊는 것은 당연하다고 생각하면서도 지금까지 그들이 믿어온 것을 완전히 버리지 않아도 되는 그 어떤 새로운 길을 모색하고 있습니다.

우리는 '그렇다면 이 양편 사람들을 각기 어떻게 대해야 할 것인가?' 하고 자문했습니다.

자유를 찾았거나 되찾은 사람들에게는 참된 자유가 어떤 것인지를 기억시켜 주고 싶습니다. 이는 서유럽과 자유를 소유하고 있는

모든 지역에도 해당됩니다. 참된 자유란 그저 선과 악 중 하나를 선택하는 것만이 아니고 오로지 선을 향해 나아가는 것임을 기억시켜 주는 것입니다.

이렇게 할 때 우리는 점점 더 자유로워집니다. 또한 우리는 자유란 소비주의가 만연하는 곳에서 흔히 볼 수 있듯이 재산을 축적하는 데에만 있는 것도 아니고, 향락과 마약 등 수단 방법을 가리지 않고 행복을 추구하는 데 있는 것도 아니며, 사랑하는 데에 곧 내어주는 데에 있다는 것을 강조하고자 합니다.

그러나 무엇보다도 우리는 구체적으로 사랑해야 한다고, 소매를 걷어붙이고 도와주어야 한다고 느낍니다. 예를 들면 동유럽 사람들은 사회를 위해 즉 정치 · 경제 · 문화면에서 하나의 새로운 제도를 찾아야 할 과업과 사명을 지니고 있습니다. 그리고 교회를 돕고, 책임자들이 교회를 다시 잘 조직하고 강화할 수 있도록 협력하는 것입니다. 이것이 그들을 위해 우리가 하고자 하는 것입니다.

당신은 마르크스주의의 붕괴를 어떻게 보십니까?

먼저 유념해야 할 것은, 만일 마르크스 운동이 가치 있는 그 어떤 힘에 의해 시작되지 않았더라면 그토록 많은 사람들과 많은 민족을 매혹시키고 이끌어 갈 수는 없었으리라는 사실입니다. 사실 처음부터 그들은 강력하면서도 독특한 제안들을 내놓았던 것입니다. 인권을 유린당하는 빈민층에 중점을 두었고 일치를 부르짖었으며, 총괄적인 세계관을 제시했습니다. 거의 자신들의 독점물인 듯 강력하게 평화를 부르짖었고 인간의 사회성을 찬양했습니다. 후에 실질적으로 그 모순성이 뚜렷이 드러났지만 거기에는 사상과 이상이 있었습니다. 그들 나름의 사상이 있었으며 그에 이끌린 사람들 안에서 그들의 개성과 특성을 이루어 주었고 지금도 그러합니다. 그러므로 이 사상들 자체가 사라져서는 안 될 것입니다.

그러나 이 이념들이 사라지지 않으려면 그것들의 원천이신 하느님 안에, 그리스도 안에 뿌리를 내려야 합니다. 모든 이들 가운데에서 지위가 낮은 사람들과 가난한 사람들을 우선적으로 사랑하신 그리스도 안에 뿌리를 내려야 합니다. 그분께서는 스스로 그들처럼 가난한 이가 되셨으며, 십자가 위에서 돌아가셨을 때에는 물질적, 영신적인 부(富)를 다 잃으심으로써 그들보다 더 가난한 사람이 되셨습니다. 그 사상들은 인간들에게 형제애를 지니고 사회 생활을 하라고 설교하신 그분 안에 뿌리를 내려야 합니다. 그분께서는 형제적 사회 생활을 그토록 강조하심으로써 이를 실행할 때에는 완전한 교류를 이루고 계시는 성삼위의 삶까지도 본받을 수 있게 해 주셨습니다. 그 이념들은 진정한 평화를 구현하신 그분 안에 뿌리를 내려야 합니다. 그분께서는 이 땅 위에 일치를 실현하시기 위해 사셨습니다. 인간들 사이에 일치를 가져다 주시기 위해, 모든 백성들이 하느님의 백성인 교회 안에서 하나가 되게 하시기 위해서였습니다. 교회는 세상이 어떠해야 할지를 알리는 표지이며 상징이 되도록 불리어졌습니다.

이 점을 기억해야 합니다. 이 모든 것에 대해 포콜라레 운동은 할 몫이 있다고 생각되며 동유럽이야말로 우리의 노선에 따른 복음화에 특별히 알맞은 지역이라는 생각이 듭니다.

오늘날 얼마나 많은 사람들이 그 지역에서 일어나고 있는 변화의 소용돌이 속에서 힘과 방향을 잃고 깊은 실의와 좌절에 빠져 있는지 우리는 알고 있습니다. 많은 경우 이 같은 이상들을 좋은 뜻에서 믿었는데 이제 그것들이 무너져 내리는 것을 보고 있기 때문입니다.

그러므로 우리는 자유를 되찾고 새로운 미래를 향해 나아가는 이들과는 기쁨과 짐을 나누는 한편, 다른 입장에 처한 이들 곁에도 가까이 있고 싶습니다. 모든 것을 다 잃은 것이 아니라고, 하느님께서는 그 어떤 상황에서든 선을 이끌어 내시며 역사의 동반자이시기에 그들의 역사 속에 함께하셨다고 그들에게 간곡히 말해 주고 싶습니다. 또 일치는 가능하다는 것을, 그러나 그들이 꿈꾸어 왔던 것처럼 증오와 투쟁으로써가 아니라 사랑으로 하느님과 함께할 때 참으로 아름다운 현실이 될 수 있다는 것을 말해 주고 싶습니다.

아프리카에서

당신은 세상 곳곳에 있는 포콜라리노들의 공통점이 무엇인지를 말씀해 주셨습니다. 그렇다면 다른 사람들과 그들이 구별되는 특성은 무엇인지요? 예를 들면, 포콜라레라는 단어의 개념이 문화권마다 다른데(아프리카에서는 가정이라는 말 속에 조상과 부족과 같은 의미가 매우 강하게 들어 있습니다), 이 같은 점이 어떤 형태로든 이 운동에 영향을 미치는지요?

아프리카를 예로 들어 말씀하시는군요. 아프리카에서 일어난 일들은, 이 운동이 처음 시작되던 당시와는 매우 다른 환경에서 이 정신이 받아들여지고 토착화된 하나의 좋은 예가 된다고 생각합니다. 모든 것은 1963년에 시작되었습니다. 카메룬의 부에아 교구의 피터 주교님께서는 이 정신이 짧은 역사를 지닌 그분의 교회를 위해 필요하다는 확신을 가지고 계셨기 때문에 거기서도 이 운동을 시작해 달라고 우리에게 청해 오셨습니다. 그로부터 몇 달 후에 2명의 의사와 1명의 수의사 포콜라리노들과 3명의 여자 포콜라리노들이 카메룬으로 떠났습니다.

처음 얼마 동안의 적응기가 지난 후 그 지역의 선교 실태와 의료 실정을 파악하고 나서 이들 남녀 포콜라리노들은 아직 복음화되지 않은 지역에 그들의 공동체를 정착시키는 것이 좋겠다는 제안을 받았습니다. 주교님께서 이렇게 말씀하셨습니다.

"여러분은 새로운 정신을 가지고 있습니다. 그러니 새로운 지역으로 가서 무(無)에서 시작하는 것이 좋겠습니다."

이렇게 해서 그들은 폰템에 도착했습니다. 폰템은 글자 그대로 깊은 밀림과 열대 초원 사이에 위치한 상당히 외딴 지역이었습니

폰템의 '폰' 추장과 당시 아프리카에서 포콜라레 운동의 대표를 지냈으며 끼아라 루빅의 첫 친구들 중의 하나인 마릴렌

다. 덥고 습한 기후에, 연중 8~10개월간은 우기가 계속되는 곳이었습니다. 폰템 영내에는 약 2만 명의 부족민이 살고 있었는데 그들은 너무나도 고립되어 있었으므로 수면병, 필라리아증 등의 열대병들로 인해 멸종될 위기에 놓여 있었습니다.

폰템의 폰(Fon) 추장은 정부와 여러 교회에 수차례 도움을 호소했으나 번번이 수포로 돌아가자 마지막으로 한 번 더 새로운 시도를 했습니다. 그는 부족에서 약간의 돈을 모아서 사절단을 데리고 가톨릭 주교님을 만나기 위해 길을 떠났습니다.

그는 주교님께 이렇게 말했습니다.

"우리의 마음이 너무 나빠서 하느님께서 우리의 요청을 들어주시지 않는다는 것을 알게 되었소. 여기 이 돈을 드릴 테니 당신 신도들에게 우리를 위해 하느님께 대신 기도드려 달라고 말해 주시오. 혹시 하느님께서 그들의 기도는 들어주실는지 누가 알겠소!"

하느님께서는 포콜라리노들을 폰템으로 보내심으로써 그들의 청을 들어주셨다고 할 수 있겠습니다.

이제는 그로부터 약 27년이 지났습니다. 이 운동은 아프리카의 여러 나라에 전파되었습니다. 폰템도 발전했고 거기서 이 사업회의 많은 회원들이 일하고 있습니다. 밀림 속의 외딴 지역이었던 그곳이 이제는 작은 도시가, 아니 그 이상의 것이 되었습니다. 사실 거기서 새로운 현실이 태어났다고 말할 수 있습니다. 즉 이 운동이 태어나 모든 구조를 갖추게 됨과 동시에 지역 교회가 태어난 것입니다. 조건 없는 사랑이 수많은 사람들을 회개시켜 그리스도인이 되게 했으며 이들이 함께 모일 곳이 필요했기 때문입니다.

다시 질문으로 돌아와 답을 드린다면 똑같은 개념과 현실들이(따라서 포콜라레 역시) 아프리카 문화권에서는 확실히 다른 방식으로 받아들여지고 해석됩니다. 이는 다른 문화권들에서도 마찬가지입니다.

그러나 우리의 영성은 매우 보편적인 것이며 이 사업회의 구조 또한 매우 단순하면서도 적응력이 강하기에 이 운동은 본래의 모습을 조금도 잃지 않고도 아프리카 문화와 융화될 수 있었습니다.

아프리카에서나 세계 어느 곳에서도 우리는 그리스도를 충실히 증거하고자 했으며 이로 인해 수천 명의 사람들이 그분께로 다가가게 되었습니다. 한편 일부다처제와 같은 여러 가지 이유로 제도적인 면에서 교회로부터 제외되고 있는 많은 이들과도 사랑을 통해 매우 깊은 관계를 이루고 있습니다.

그리고 아프리카 포콜라리노들이 그들의 생활 경험을 우리에게 이야기해 줄 때면 우리는 언제나 그들의 복음적 단순함과 아프리카인들만이 지닌 독특한 아름다움에 감명을 받곤 합니다.

물론 아프리카에 있는 포콜라레는 다른 대륙이나 다른 문화권의 포콜라레들과 다르다고 말할 수 있습니다. 그러나 본질적으로는 모두 같습니다. 정신이 같기 때문입니다.

그리스도인들 안에 그리고 그리스도인들 사이에 계시는 그리스도의 현존인 이 삶과 빛은 똑같은 특색을 지닌 채 드러납니다. 그리하여 다른 문화들의 가치들과 나란히 아프리카의 가장 아름다운 가치들이 빛을 발하면서, 모든 혈색의 인종들과 함께 구원된 인류의 찬란한 모자이크를 완성하는 것입니다.

네 가지 대화

종교계는 여러 면에서 위기를 겪고 있습니다. 그리스도교 안팎이 그러하고 세속의 세계가 그러합니다. 이 운동은 이들과 어떤 관계를

맺고 있으며 그들의 문제 해결을 위해 어떤 기여를 할 수 있다고 보십니까?

트렌토처럼 작은 도시의 문제들과 세계적인 위기들을 비교해 보면 그들 사이에 그렇게 큰 차이가 있는 것은 아닙니다. 그에 대처하는 방식은 언제나 같기 때문입니다.

시간이 지나면서 그때그때 제공하는 도움의 비중이나 범위는 달라지겠지만 처음부터 우리를 이끌었던 힘, 즉 이 운동의 특수 목적은 언제나 변함없이 예수님의 유언을 실현하는 데 기여하는 것이며 늘 그러할 것입니다.

"아버지, 이 사람들이 모두 하나가 되게 하여 주십시오."

그렇습니다. 우리는 이것을 위해 살고 있습니다. 너무 높은 것을 목표로 하고 있는 것 같지만 그것은 예수님의 마지막 소망이었으며, 우리는 그것을 우리의 목표로 삼고자 합니다. 그분께서 우리 마음속에 그 소망을 심어 주셨기 때문입니다.

그렇다면 예수님의 유언, 즉 일치는 오늘날의 문제들과 어떤 관련이 있을까요? 저는 모든 인간의 가장 큰 문제, 다시 말해서 인류의 가장 깊은 소망은 사랑, 일치라고 생각합니다. 사랑이 모자라면 사람과 사람 사이, 그룹과 그룹 사이, 나라와 나라 사이를 이어주는 시멘트가 부스러집니다. 그리하여 전쟁, 굶주림, 가난, 고통이 있게 됩니다. 이것들이 바로 불일치의 모습인 것입니다.

그렇다면 어떻게 해야 일치를 가져올 수 있을까요?

바오로 6세 교황님께서는 이 목표에 도달하기 위해 반드시 필요한 하나의 도구에 대해 말씀하신 적이 있습니다. 이 운동도 초창기부터 자신의 고유한 스타일에 맞추어 이 도구를 사용해 왔습니다. 그것은 바로 대화입니다.

실지로 다양한 환경 속에서 살아가고 있는 사람에 따라 네 가지 유형의 대화가 열려 발전되었습니다. 가톨릭 세계에서는 하나라고 정의되는 교회의 그 고유한 특성을 완성시키는 데 이바지하기 위한 대화, 그리스도교 세계에서는 교회 일치에 기여하기 위한 대화, 다른 종교의 세계에서는 서로 상대편을 보다 깊이 이해하고 존경하면서 예수 그리스도께서 계시하신 하느님을 증거하고 알리기 위한 대화, 끝으로 세속화되고 있는 세상에서는 좋은 뜻을 지닌 사람들과 함께 보편적 형제애를 불러일으키거나 강화하고 확장시키기 위한 대화를 합니다.

포콜라레 운동이 펼치고 있는 교회 일치 운동의 특성은 무엇이며 다른 교회 신자 회원들과는 어떤 관계를 맺고 있는지요?

포콜라레 운동은 교회 일치를 위해 가톨릭 신자들로 하여금 그리스도인들의 일치에 관심을 가지게 하며 일치를 실현할 수 있도록 그들을 양성합니다. 그러나 또한 근본적으로 다른 모든 교회의 그리스도인들과 형제적 교류를 이루려 노력합니다.

현재로서는 220개의 교회(복음교회, 성공회, 개혁교회 등)의 36,000명 신자들이 우리 영성을 받아들이고 있으며, 그들 중 많은 이들이 이 운동의 생활과 활동에 참여하고 있습니다.

아름다운 분위기

그러니 교회 일치 운동 역시 당신이 일찍이 직감했던 것들 중의 하

나군요. 그런데 어떻게 해서 가톨릭이 아닌 다른 교회 사람들까지도 그렇게 활짝 열린 마음으로 이 운동을 받아들일 수 있는 것일까요?

한 젊은이가 우연히 젠들이 주최했던 젊은이들의 모임에 왔다가 남긴 인상문이 이에 대해 잘 설명해 줄 수 있으리라 생각합니다. 그는 이런 글을 남겼습니다.

"하느님께서는 사랑이십니다. 여러분이 나에게 그것을 보여 주었습니다."

그 젊은이는 자기 또래의 젊은이들이 일치되어 있는 것을 보았고, 그들 가운데에는 **누군가**가 현존하심을, 즉 사랑이신 하느님께서 함께하심을 느꼈던 것입니다.

이렇게 우리는 무엇보다도 일치를 통해 여러 교회들과 교회 공동체 사이에 길을 트게 되었습니다.

여러 교파 신자들과의 사이에는 일치를 이룰 수 있는 가능성이 많이 있습니다. 우리는 같은 세례를 받았으며, 같은 복음, 같은 그리스도, 같은 성령을 믿습니다. 그런데 우리 영성은 이런 공통점들을 모두 강조합니다. 예를 들면 다른 교파 신자들도 예수님의 새 계명을 실천하려 하므로 우리는 그들과 함께 노력합니다. 여기서 놀라운 결과를 초래하게 됩니다. 예수님께서 어느 모로 우리 모두 사이에 현존하시며, 우리는 함께 그분을 증거할 수 있는 것입니다.

그리고 실지로 이런 증거를 보이고 있다는 사실을 우리 생활의 여러 일화들이 말해 줍니다. 그 중 하나가 생각나는군요. 1960년대 초반이었는데, 독일에서 몇몇 복음교회 신자들을 알게 된 후 우리는 로마에서 그들과 가톨릭 신자들의 모임을 열게 되었습니다. 그 중 한 모임은 매우 성공적이었습니다. 특별한 은총이 그 모임을 이끌어 갔고 사람들은 모두 커다란 기쁨에 싸였습니다. 가톨릭 신자들과 복음교회 신자들 사이에 매우 아름다운 분위기가 조성되었으며, 이것을 본 3명의 성공회 신자들은 큰 감명을 받았습니다. 그리하여 그 이듬해에는 1백여 명의 성공회 신자들이 로마로 왔습니다. 이렇게 해서 성공회 신자들 사이에도 이 운동이 퍼져나가기 시작했습니다.

여러분과 일치의 영성을 살고 있는 다른 교회의 신자들이 이처럼 대화할 수 있는 힘은 어디서 오는 것입니까? 이제는 가능해진 이런 친교의 삶을 매일의 삶 속에서 건설해 갈 수 있도록 하는 힘은 어디서 얻습니까? 그리고 교회 일치 운동을 전개하면서 만난 어려움은 어떤 것인지요?

우리에게는 십자가에 못 박히고 버림받으신 예수님이라는 단 하나의 이름이 모든 것을 설명해 줄 수 있습니다. 그분께서는 십자가 위에서 가장 큰 분열을, 가장 큰 이별을 체험하셨습니다. 그분께서는 하느님이시면서도 어느 모로 성부와 분리됨을 느끼셨습니다. 그러나 "아버지, 제 영혼을 아버지 손에 맡깁니다"[40]라고 하시면서 이를 극복하셨습니다.

우리 가톨릭 신자들이 복음교회 신자들과 접촉을 가질 때 혹은 복음교회나 성공회 신자들이 가톨릭 신자들과 만날 때, 우리는 즉시 무언가 문제가 있음을, 무언가가 가득한 일치를 이루지 못하게 하는 것을 느끼게 됩니다. 우리는 각기 다른 사고 방식을 가지고 있는데 그것은 각각의 교회 역사와 문화가 다르기 때문입니다. 따

40) 루가 23 : 46.

라서 우리는 상처를 입고 고통을 느낍니다. 그러나 이때 우리는 버림받으신 예수님을 생각하면서 그분처럼 하려고 합니다. 즉 이 고통을 사랑하고 그 너머로 가는 것입니다. 그 너머에서만 평화와 기쁨 속에서 우리 형제들을 계속 사랑할 수 있기 때문입니다. 항상 그분을 바라보는 것, 그리고 그분처럼 행동하는 것, 이것이 우리의 힘입니다.

완전한 일치의 삶에로 부름을 받았으나 오늘날 수백 개의 교파로 갈라져 있는 그리스도교 세계에서 우리는 항상 버림받으신 예수님을 알아보았습니다. 그분 때문에, 많은 상처와 분열과 분리로부터 터져나오는 그분의 부르짖음 때문에 우리는 교회들을 다시 일치시키기 위해 애쓰고 있습니다.

그분으로 인하여 우리는 많은 교회들과 교회 공동체들을 만날 수 있었으며 그들의 특성을 포착하고, 그들을 존중할 수 있었습니다. 같은 세례를 받고 서로 복음적 사랑을 실천했기 때문에 우리는 모든 그리스도인들이 다 한 형제임을 느낄 수 있었습니다. 우리가 감당하기에는 벅찬 일인 것 같아도 단념하지 않는 것은 그분을 위해서입니다.

황금률

포콜라레 운동의 또 다른 활동 분야는 종교간의 대화입니다. 어떻게 해서 다른 종교의 영신 지도자들이나 평신도들까지도 이 운동의 정신을 따르고 호감을 갖게 되었는지 말씀해 주시겠습니까?

제2차 바티칸 공의회는 성령께서 "말씀의 씨앗과 복음 선포를 통하여 모든 사람을 그리스도께로 부르신다"[41]고 했습니다. 이 운동의 정신이 타종교 신자들에게 그처럼 큰 영향을 미치게 된 이유에 대해서는 우선 이 구절이 그 첫번째 설명이 될 수 있으리라 생각합니다.

우리 편에서는 무엇보다 먼저 생활을 통해 복음을 선포합니다. 그들 편에서는 그들의 전통 안에 담겨 있는 여러 요소들, 즉 말씀의 씨앗이나 진리의 빛줄기라고 할 수 있는 것들이 보다 순수한 영신적 가치들에 대한 감수성을 일으킬 수 있으며, 복음의 메시지를 받아들일 수 있도록 그들을 준비시킵니다.

그러나 우리가 그토록 활기찬 대화를 할 수 있는 결정적, 특징적 원인은 우리의 영성과 경험담의 핵심이 사랑이기 때문입니다. 누구든지 사랑을 받으면 종교에 관계없이 마음속에 저절로 즉시 반향을 일으키게 됩니다. 모든 이의 마음속에는 "너희는 남에게서 바라는 대로 남에게 해 주어라"[42]라는 황금률이 자리하고 있기 때문입니다. "모든 인간이 사랑의 길을 걸을 수 있다"[43]고 공의회는 말합니다. 사랑은 성령께서 하시는 일이며, 그분께서는 눈에 보이는 교회의 울타리 너머에서도 일하십니다.

따라서 우리 서로가, 그리고 모든 이들과 함께 이 복음적 사랑을 생활하려 노력한 후에 우리의 타종교 친구들에게 이에 대해 이야기하다 보면 우리는 그들의 마음이 활짝 열려 있음을 보게 됩니다. 그리고 그들은 사랑을 믿습니다. 그것은 그들이 우리의 포콜라레나 소도시, 마리아폴리 등에서 그 증거를 보았기 때문입니다.

---

41) 교회의 선교 활동에 관한 교령 15항.

42) 마태오 7 : 12.

43) 현대 세계의 사목 헌장 38항.

타종교 신자들과 대화를 해 나가는 체험에서 여러분은 다른 종교 신자들 사이에 다리를 놓아 주는 그 어떤 공통점이나 유사점들을 발견했는지요?

타종교 사이에서 우리가 발견한 공통적인 요소들이나 유사점들을 자세히 살펴볼 수 있다면 좋을 것입니다.

예를 들면 동양 종교인들은 예수님의 고통, 그분의 버림받으심의 고통에 특별한 매력을 느낀다는 사실을 주목할 수 있었습니다. 예수님으로 하여금 완전한 무(無)가 되시게 한 그 고통에 대해 매료를 느끼는 것입니다. 사실 그들은 감각과 모든 욕망을 불사름으로써 기(氣)라고 부르는 것을 찾는 수가 많은데, 그들은 이것을 삼라만상의 근원이라고 생각합니다. 우리에게 있어서는 하느님께서 모든 것의 근원이시지요. 그들의 금욕 생활은 정말 놀랍습니다. 그들은 금욕 생활을 통해 매우 높은 경지에 이르기 때문에 참된 그리스도인들을 만나면 이들의 초자연적 삶을 어느 정도 직관할 수 있습니다.

실제로 그들에게 있어서는 본질이 중요합니다. 그리하여 어떤 사람이 그들과 하나가 되기 위해 스스로를 죽이고 자신 안에 그리스도께서 살아 계실 수 있게 해 드리면 그들은 이 사람의 얼굴에서 자연스럽게 솟아오르는 성령의 열매인 빛과 평화를 식별할 줄 압니다. 십자가에 대한 사랑의 결실로써 일치되어 있는 그리스도인들 사이에서 부활하신 분을 만날 때에도 마찬가지입니다. 그들은 이에 마음이 이끌려 설명을 해 달라고 합니다. 이렇게 해서 우리 종교에 대해 이야기하게 되며 이 대화는 결국 그들에게 복음을 알리는 기회가 됩니다.

우리 운동에서 설명하는 방법에 따라 그리스도인이 십자가에 달리신 예수님의 무(無)를 본받아 자아를 없애려고 하는 것은 불교에서 말하는 무아(無我)의 완성과 매우 비슷하다고 몇몇 불교 철학자들이 우리에게 말한 적이 있습니다.

인류를 위한 구체적 활동으로 표현되는 그들의 자비심 역시 그리스도교 정신의 사랑과 아주 가까운 것입니다. 세계 평화를 위해 일하고 있는 불교 신자들은 우리에게서 동조와 협조의 자세를 발견합니다. 우리 운동이 이미 세계종교평화회의(WCRP)를 위해 꾸준히 기여하고 있음은 이를 말해 주는 한 가지 예라 하겠습니다.

결론적으로 타종교와 대화를 시작한 지 불과 몇 년 만에 우리는 교회가 예견한 모든 종류의 공식적 대화를 골고루 다 발전시킨 셈입니다.

즉 생활의 대화, 이는 타종교인들과의 일상적인 관계 속에서 우러납니다.

활동의 대화, 이는 여러 국제 기관이나 범종교적 기구 내에서의 공동 협력을 통해 이루어집니다.

전문인들의 대화, 이는 이 운동의 회원 중에서 다양한 전통과 종교에 정통한 이들이 이끌어 갑니다.

그리고 종교적 경험의 대화가 있습니다. 이 대화를 통해서는 각 종교의 경전이나 전통의 빛을 따라 생활한 경험을 교환합니다.

그런데 놀라운 것은 2만여 명에 달하는 많은 불교, 회교, 유대교, 힌두교 신자들과 토속 신앙인들이 이 운동의 회원이 되기를 원했으며 각기 가능한 범위 내에서 우리의 영성을 생활하면서 세계를 일치시키기 위해 함께 일하고 있다는 사실입니다.

대화에 관한 주제를 놓고 마지막으로 한 가지 더 여쭤 보겠습니다.

이 운동은 세속화된 세계와의 대화에도 세심한 주의를 기울이고 있다는 이야기를 들었습니다. 이른바 무신론자라고 불리던 사람들과의 대화 말입니다.

그렇습니다. 우리에게는 이 대화가 매우 중요합니다. 이 대화를 처음 시작했던 때부터 십자가에 못 박히고 버림받으신 예수님께 대한 사랑의 이끌림을 받아, 우리는 여러 형태로 하느님으로부터 멀리 있는 이들, 또는 적어도 자신들의 개인적 신념은 하느님과 거리가 먼 것이라고 생각하고 있는 사람들을 향해 나아갔습니다. 그런데 우리는 이른바 무신론자라고 말하는 사람들이 얼마나 하느님을 목말라 하고 있는지, 얼마나 열린 마음들을 지니고 있는지를 경험했습니다.

최근 몇 년간 이 같은 대화의 농도는 짙어졌습니다. 전세계적으로 물질주의자들과 자칭 무신론자들, 무관심주의자, 불가지론자, 몇 년째 냉담 중에 있는 이들과의 사이에도 깊은 관계들을 무수히 맺을 수 있었습니다.

이 사람들은 이 운동 회원들의 생활에 감명을 받으며 호기심과 매력을 느낀 나머지 왜 그렇게 행동하는지 이유를 알고 싶어합니다. 그 결과 모임에 나오기 시작하며, 거기서 연대성 · 평등 · 일치 · 평화 등 그들 대부분이 열망하는 이상들이 실현되어 있음을 봅니다. 또한 이 모든 것은 복음을 생활한 데서 얻어진 결실임을 깨닫습니다. 그리하여 사람들은 믿음을 되찾거나 새로 발견합니다.

우리와 접촉이 이루어지고 있는 사람들에 대한 통계를 보면 하느님으로부터 멀리 있는 사람들, 즉 무신론자들 약 96,000명이 우리와 관련을 맺고 있으며 그 중 22,000명 이상이 우리의 활동에 참여하고 있습니다.

제7부

만남

"당신은 두 아버지의 딸입니다"

당신은 이 시대의 위대한 종교인들에게 대화의 상대가 되어 주었으며 지금도 그렇게 하고 계십니다. 그 중 한 예로 콘스탄티노플(이스탄불) 동방 정교회의 총대주교이신 아테나고라스(Athenagoras) 1세와의 만남을 들 수 있습니다. 그 만남은 어떻게 해서 이루어졌으며 거기서 새롭게 깨달은 점이 있다면 어떤 것입니까?

아테나고라스 1세 총대주교님을 처음 만나 뵈러 갔을 때가 1967년 6월이었던 것으로 기억됩니다. 그분과 저를 알고 있던 몇몇 사람들의 초청으로 이루어졌습니다. 저는 그분의 원의대로 그분께 저의 열망을 말씀드린 적이 있습니다. 즉 그리스도인들의 일치를 위해, 그리고 가능한 한 민족들간에도 보다 큰 일치가 이루어지도록 하기 위해 일하고 싶다고 말씀드렸습니다. 제가 말씀드린 것과 그

동방 정교회의 아테나고라스 1세 총대주교와 끼아라 루빅

분의 생각이 너무도 잘 합치되는 것을 보시고 그분께서는 이렇게 말씀하셨습니다.

"당신은 내 딸입니다! 당신은 아버지가 둘 있습니다. 한 아버지는 위대하신 분으로 로마에 계시는 바오로 2세(그분은 바오로 6세 교황님을 제2의 바오로 사도처럼 생각하셨으므로 교황님을 이렇게 부르셨습니다)요, 또 한 아버지는 여기 있는 이 늙은이입니다."

동방 정교회의 아테나고라스 1세 총대주교와 교황 바오로 6세

그때, 그리고 그 후에도 그분께서는 제가 다른 사람에게서는 들어 보지 못한, 그분만의 특별한 어조로 교황님에 대해 말씀하셨습니다.

그분께서는 교황님에 대해 개인적인 각별한 사랑을 갖고 계셨습니다. 교황님께 관련된 커다란 일들이나 하찮은 일들에 대해서도 그랬습니다. 예를 들면 그분께서는 이렇게 말씀하셨습니다.

"교황님께 조금 더 드시라고 말씀드려 주세요. 가끔 산책도 하시고 공기도 좀 쏘이시라고 말씀드려 주세요."

늘 **《로세르바토레 로마노》지**를 구독하고 계셨으므로 교황님의 연

로세르바토레 로마노(L'Osservatore Romano)**지** : 로마 교황청에서 발행하는 주간 신문.

설문 내용들을 잘 알고 계셨습니다. 교황님께서 무슨 일을 하시든 당신도 마음으로 따라하신다고 말씀하셨습니다. 한 번은 교황님께서 사도 여행 중이셨는데 그때 총대주교님께서는 "나는 교황님과 함께 여기저기에 갔었답니다"하고 말씀하셨습니다.

실지로 이스탄불에 남아 계셨다고 하기보다는 그곳들을 방문하셨다는 것이 더 옳은 표현이었습니다. 그것은 자연적 현실보다 훨씬 더 강한 것으로서 영신적, 초자연적으로 가까이 현존해 계셨습니다.

총대주교님의 철갑상어 알젓

저는 아테나고라스 1세 총대주교님으로부터 교황님에 대한 섬세한 사랑을 배웠을 뿐 아니라, 늘 말보다 행동이 앞서야 하는 애덕에 대해서도 많은 것을 배웠습니다. 예를 들면 그분께서는 제가 커피나 다른 무언가를 먹기 전에는 절대로 말을 시작하지 못하게 하셨습니다. 그리고 제가 머물던 숙소의 사용비도 그분이 내고 싶어 하셨습니다. 저를 당신의 손님으로 대접하려 하셨습니다. 저를 맞아주시던 **'파나르'**에는 작은 방 하나가 정성껏 꾸며져 있었고 저는 거기서 식사를 하곤 했습니다.

한 가지 특별한 일도 있었습니다. 동방 정교회 신자들이 단식이나 금육을 할 때에도 총대주교님께서는 제가 배고프지 않기를 바라셨습니다. 그래서 저에게만은 철갑상어 알젓을 주셨습니다.

이렇게 세심한 주의를 기울여 주심과 동시에 그분은 또한 모든

파나르(Fanar) : 총대주교 관저.

민족들을 얼마나 사랑하고 계신지를 깨닫게 해 주셨습니다. 총대주교로 계셨던 동안 그분은 많은 민족들을 알게 되셨는데 각 민족의 아름다움을 알아볼 줄 아시는 특별한 능력을 지니고 계셨고 이것은 참으로 놀라운 것이었습니다. 어떻게 그렇게 하실 수 있었는지 모를 정도입니다.

제 생각에 그분은 특별한 자질을 지니고 계셨습니다. 저는 그분에게서 모든 민족들을 사랑하는 법과 사람 안에 있는 선(善)을 알아보는 법을 배웠습니다. 그 누구에 대해서도 비난의 말을 하시는 일이 없었습니다. 그분께서는 참으로 위대한 아테나고라스이셨습니다. 저는 결코 그분을 잊지 못할 것입니다. 그분께서는 우리에게 동방 정교회의 아름다움을 보여 주셨습니다. 동방의 교회에서 생활을 얼마나 강조하고 있는지, 즉 진리를 생활화하는 것이 얼마나 중요한지를 그리고 사랑을 얼마나 찬양하는지를 우리는 그분을 통해 알게 되었습니다.

그리고 총대주교님과는 매우 깊은 친분을 맺고 있었는데 그것은 제가 바오로 6세 교황님을 잘 알고 있었기 때문이기도 합니다. 교황님을 직접 찾아뵙는 일이 제게는 가능한 일이었으므로, 저는 본의 아니게 총대주교님께서 교황님과 비공식적으로 연락을 취하시는 데 쓰실 수 있는 도구가 되었습니다.

그리고 아테나고라스 1세 총대주교님께서는 두 교회가 분리된 지 천 년이 지난 지금 이 세기에, 다시 가톨릭 교회와 완전히 일치하고 싶은 강한 열망을 지니고 계셨습니다. 그래서 저는 자주 그분의 느낌들, 그분의 생각들, 그분의 소망들을 모아 바오로 6세 교황님께 전해 드리곤 했습니다. 이는 두 분의 교회 최고 지도자들께서 강한 일치를 이루는 데 기여하지 않았나 생각합니다. 바오로 6세 교황님께서는 총대주교님을 깊이 존경하셨습니다. 그분께서 돌아가셨을 때 교황님께서는 "한 성인이 돌아가셨다"고 말씀하셨습니다.

그분의 후계자이신 디미트리우스(Dimitrios) 1세 총대주교님 역시 큰 관심을 가지고 이 운동의 발전을 지켜보고 계십니다.

또 어떤 종교 지도자들로부터 고무와 영신적 도움을 받았는지요?

영국 성공회의 세 분 수석 주교님들도 개인적으로 만나뵐 수 있었습니다.

미카엘 람시(Michael Ramsey), 도널드 코건(Donald Cogan) 그리고 로버트 런시(Robert Runcie) 주교님이십니다.

그분들은 모두 저를 따뜻하게 환대하여 주셨으며, 이후 그분들과 깊은 친분을 맺게 되었습니다.

람시 수석 주교님께서는 런던의 람베스 궁에서 저를 맞아 주시면서 즉시 '이 운동에 하느님의 손길'이 함께하고 있음을 알아보시고 당신 교회 '신자들의 마음이 이 정신으로 다시 뜨거워질 수 있도록 그들과 영신적인 친교를 맺는 데' 힘써줄 것을 당부하셨습니다.

이 운동이 성공회 신자들간에 전파될 수 있었던 것은 이 같은 권위 있는 분들의 지지를 받았기 때문이기도 합니다.

1962년 뮌헨에서, 당시 독일복음교회협의회 의장이시던 디이츠펠빙거(Dietzfelbinger) 박사님을 만나 이야기를 나누었습니다. 그 당시 저는 교회 일치의 측면에서 초보자였는데 그분의 열린 마음에 크게 감명을 받았습니다.

그분과의 만남들을 계기로 이 운동은 독일에서도 발전되기 시작했습니다. 디이츠펠빙거 박사님은 스팀플레(J. Stimpfle) 가톨릭 주교님과 함께 아우크스부르크 근처에 위치한 우리의 초교파적 특성을 지닌 소도시, 오트마링의 공동 생활 본부를 축성해 주셨습니다. 그곳에는 가톨릭 신자와 복음교회 신자들이 함께 살고 있습니다.

그후 복음교회의 다른 인사들과 다른 교회 인사들과도 깊은 친분을 맺게 되었습니다.

일본 불교계와의 대화

당신은 《동양과의 만남》이라는 저서에서 동양의 주요 종교들의 전통을 접했던 것에 대해 말씀하시는데, 일본의 불교 지도자들 중 한 분인 니키오 니와노 씨와 맺고 있는 개인적인 관계에 대해서도 말씀하시더군요.

그분에 관한 이야기를 좀 들려주시겠습니까? 당신이 받은 인상, 대화의 결실 또는 종교간의 대화면에서 어떤 결론을 내리게 되었는지 등에 관해 몇 말씀해 주십시오.

저는 그분과의 첫 만남을 생생히 기억하고 있습니다. 1979년 초였는데 그 당시 포콜라레 운동 안에서 우리는 이 새로운 대화의 필요성을 강하게 느끼면서 분명한 길이 열리기를 기다리고 있었습니다.

여러 가지 사건들이 니키오 니와노 씨와의 만남을 준비하는 데 기여했습니다. 결정적인 계기는 그분이 1979년 '템플턴 상' 수상자로 선정되었을 때입니다. 그분은 이탈리아를 지나시는 길에 저를 만나고 싶어하셨습니다. 이전 수상자를 만나 보고 싶은 단순한 호기심에서가 아니었습니다. 니와노 씨에 의해 창설되고 현재 약 6백만 명의 회원을 헤아리는 불교 단체인 **리쇼 코세이카이**의 몇몇 젊은이 그룹들이 이미 몇 해 전부터 일본·미국·이탈리아 등지에서 우리 운동의 젊은이들을 만나기 시작했었습니다. 우리는 그들의 상냥하고 미소띤 얼굴에서 감명을 받았으며, 그들은 우리 그룹들이 지닌 영성과 생활에서 강한 인상을 받고 본국으로 돌아갔습니다.

그러나 이보다 훨씬 전에 또 하나의 계기가 우리의 관계를 좁혀주고 있었습니다. 그분의 생애를 자세히 알게 되면서 저는 한 가지 사실을 깨달았습니다. 그분의 삶에 깊은 영향을 준 사건이 있었는데 그것은 곧 바오로 6세 교황님과의 만남이었습니다. 니키오 회장님은 1964년, 바티칸 공의회가 열리고 있던 중 교황님을 만나신 것이었습니다. 이 만남은 마치 섬광과도 같은 것이었다고 그분은 말씀하셨는데, 그 순간 동양 종교와 서양 종교 간의 이해를 도모하기 위해 자신의 일생을 바쳐야겠다는 생각을 하셨기 때문입니다. 그로부터 몇 년 후, 그분의 제안에 힘을 입어 세계종교평화회의가 창설되었으며, 그분은 이 기구의 명예 회장이 되셨습니다. 이로 인해 그분은 세계의 모든 종교계에 알려졌습니다.

그분을 만났을 때 저는 즉시 우리는 서로 협력해야 할 사람들이라는 인상을 받았습니다. 그분의 사업과 포콜라레 운동 사이에는 많은 공통점이 있기 때문입니다. 그분 편에서도 같은 인상을 받은 것이 분명했습니다. 그리하여 이미 그 책에서 대강 말씀드린 바와 같이, 그분이 저를 초청하였습니다. 초청받은 저는 그 단체의 임원단에게 영신 체험을 들려주었습니다.

그 기회에 동경에서 그분과의 두 번째, 세 번째의 만남이 이루어졌습니다. 저는 그때 저의 그리스도교 신앙을 아주 자유롭게 이야

리쇼 코세이카이(Rissho Koseikai) : 입정교성회.

기했던 것으로 기억합니다. 온통 예수님에 관한 이야기밖에 하지 않았던 것 같습니다. 사실 제 앞에는 길이 이미 열려져 있었습니다. 이 운동 공동체들의 복음적인 삶이 리쇼 코세이카이 운동의 젊은 이들은 물론 니와노 씨에게까지도 큰 감명을 주고 있었기 때문입니다.

그분과의 이 같은 면담 중에, 저는 참된 대화를 시작할 수 있으리라는 강한 인상을 받았습니다. 그리고 그 대화를 통해 어떤 형태로든 복음을 알릴 수 있게 되리라는 인상을 받았습니다. 사실 성령께서는 이를 위해 우리를 준비시켜 두셨던 것입니다. 그분께서는 우리에게 무엇보다 먼저 사랑하는 법을, 상대방과 하나가 되는 법을 가르쳐 주셨으며, 고통까지도 사랑과 기쁨으로 변화시키는 법을

리쇼 코세이카이 운동을 창시한 니키오 니와노 씨와 끼아라 루빅

가르쳐 주셨던 것입니다.

단지 이런 개념들만 가지고도 저는 불교 신자들과 함께 고통을 없애기 위한 그들의 4대 진리(四戒) 등에 대해 이야기할 수 있으리라는 생각이 들었습니다. 그리고 그들은 이 같은 진리들에 의해 거의 그리스도를, 십자가에 못 박히신 그리스도를 받아들일 수 있는 준비를 갖추고 있다는 느낌마저 들었습니다. 그리스도께서는 십자가에 못 박히셔서 고통과 죽음을 이기셨기 때문입니다.

그러나 그 불교 신자들은 어떤 모양으로든 우리 그리스도인들 안에서 예수님을 느껴야 하며 접할 수 있어야 합니다. 그런데 이런 일이 일어날 수 있는 것은 단지 우리의 내면에 조금이나마 그분의 사랑이 있을 때입니다. 남을 위해 목숨을 줄 준비가 되어 있는 그 사랑이 있을 때입니다.

그 당시 니키오 니와노 씨에게서 어떤 인상을 받았느냐고요?

그곳에 머무는 동안 인터뷰를 청해 왔던 한 일본 기자에게 저의 인상을 말한 바 있습니다.

"그분의 한결같은 미소에는 감동을 받지 않을 수 없습니다. 그것은 내적으로 순수하고 예리한 양심의 인도를 받는, 매우 영신적인 사람의 미소입니다. 또한 그분께서는 지혜롭고 신중하시며 늘 하느님의 영(靈)을 따르시는 분임을 저는 알게 되었습니다."

1985년, 저는 다시 니와노 회장님으로부터 그분의 팔순 잔치에 와 달라는 초청을 받았습니다. 그리고는 동경의 커다란 법당에서 일본의 종교·문화·정치계 대표 수천 명을 대상으로 행해질 공식 담화 하나를 저에게 해 달라고 부탁하셨습니다.

그날 오후, 니키오 니와노 씨는 교황님과 가톨릭 종교에 대한 자신의 존경심과 사랑을 표하시면서 수많은 청년 불교도들에게 만일 그들의 양심이 제의한다면 그리스도 신자가 되도록 하라고 말씀하셨습니다. 저와 제 친구들은 얼마나 놀라고 감격했는지 모릅니다.

"정신나간 사람이 나 혼자만이 아니군요"

그 기회에 우리는 그 동안 이루어진 공동 협력에 대해 함께 결산을 내어볼 수 있었습니다. 그러나 무엇보다도 깊은 영신적인 교류를 이룰 수 있었습니다.

그분은 새로운 세대에 대해 커다란 희망을 걸고 있노라고 힘주어 말씀하셨습니다. 그분은 나이에도 불구하고 젊은 마음을 간직하고 계셨습니다. 매우 높은 영신적 현실을 향해 마음의 문을 열어놓고 계셨기 때문입니다. 문득 그분은 저에게 예언을 하시듯 이렇게 말씀하셨습니다.

"우리가 일치되어 있고 하느님의 뜻에 따라 행동한다면 머지않아 세상엔 평화가 올 것입니다. 나는 이를 위해 여러 해 동안 일해오고 있습니다…."

그리고 농담섞인 어조로 덧붙이셨습니다.

"당신을 만나기 전만 해도 나는 이런 일을 하는 정신나간 사람은 나 혼자뿐이라고 생각했었지요."

그리고 나서 저에게 부채 하나를 선사하셨습니다. 그 부채에는 11세기 전에 사셨던 한 스님의 법어(法語)가 한자로 적혀 있었습니다. 그분은 제게 그 구절의 의미를 설명해 주셨습니다.

"내 마음이 하느님의 뜻과 같아진다면, 주위에 수천의 다른 마음들이 태어남을 볼 것이다."

1985년 11월, 그날 만남이 그분과의 마지막 만남이었습니다(그 후 로마에서 그분을 수차례 더 만났음). 그때 저는 특별 시노드에 옵서버 자격으로 참석하라는 교황님의 초청을 받고 예정보다 일찍 로마로 돌아와야 했기 때문입니다.

그 후 그분이 원하셔서 우리는 편지를 교환하기 시작했습니다. 이를 계기로 생태계 보호라든지 평화와 같은 현실적인 주제들에 대한 의견을 서로 나누게 되었습니다. 그분은 제게 불교도로서 편지를 쓰시지만, 그 안에는 그분의 무게 있는 영신적 체험이 담겨 있습니다. 저도 같은 주제에 대해 회답을 보냅니다. 저는 양편이 공동으로 지니고 있는 것들을 강조하면서 저의 신념을 이야기하지만, 동시에 그리스도교적 시각이 가져다 준 새로움과 특성에 관해서도 이야기합니다.

이렇게 해서 서로 멀리 떨어져 있어도 대화는 계속됩니다.

제8부

교황 알현

'교회가 필요로 하는 것입니다'

근래의 역대 교황님들께서는 당신의 사업회를 높이 평가하셨습니다. 비오 12세를 비롯한 교황님들과의 만남에 대해서 말씀해 주시겠습니까?

우리가 교황 비오 12세를 알현한 것은 1953년 5월 21일의 일이었습니다. 우리가 소개되자 교황님께서는 즉시 우리를 알고 계시다는 표시를 하셨습니다.

그분께서는 "아, 포콜라레. 좋아요, 좋아요! 대표는 어디 있지요?" 라고 하시면서 아버지처럼 부드럽고 자상한 눈길로 저를 바라보셨습니다. 우리가 저마다 무슨 일을 하고 있으며 어디서 왔는지 등을 알고 싶어하셨습니다. 우리는 우리 운동이 전파된 이탈리아의 여러 지역을 대표하고 있다고 말씀드렸습니다.

교황님께서는 특히 토스카나 지역과 에밀리아 지역에 관심을 보이시면서, 공산주의가 우세하던 그 지역에서는 물질주의가 매우 큰 영향을 끼치고 있는 듯하다고 말씀하셨습니다.

우리 중 한 사람이 이렇게 말씀드렸습니다.

"저희는 세상에 예수님을 모셔 가려고 합니다. 저희는 저마다 수백 명의 영혼들을 개별적으로 돌보고 있습니다… 저희는 교회의 기쁨이 되고 싶습니다."

교황님께서 답하셨습니다.

"교회는 참으로 이것을 필요로 하고 있습니다. 그 열정을 잃지 마십시오. 앞으로 나가십시오!"

알현 끝에 교황님께서는 우리에게 특별한 '교황 강복'을 주셨습니다. 우리를 떠나가시면서도 매우 만족해 하시는 모습을 보이셨고 계속 우리에게 눈길을 보내셨습니다. 교황님께서는 아버지의 사랑으로 우리를 대해 주셨으며, 이는 우리를 인정하신다는 뜻이었음을 모두가 느꼈습니다.

교황 요한 23세를 특별히 만나뵌 적은 없었습니다. 그러나 그분의 재임 기간 중 포콜라레 운동은 교황 관할의 사업회로서 교황청의 인준을 받았습니다.

'여기서는 모든 것이 가능합니다'

교황 바오로 6세와의 관계는 어떠했습니까?

우리는 바오로 6세 교황님께서 아직 추기경으로서 교황청 국무성에 계시던 때에 그분을 알게 되었습니다. 우리는 자주 그분께 이 운동의 현황과 영성에 대해 알려 드렸습니다. 그분께서는 이를 매우 좋게 여기셨으며, 우리에게 값진 제안과 충고를 해 주셨습니다.

교황으로 즉위하신 후 저는 그분을 여러 차례 뵈었습니다. 그분께서는 늘 이 사업회에 대해 더 많은 것을 알고 싶어하셨습니다. 그 당시 우리 운동이 인준을 받긴 했으나 회칙에 씌어진 법적인 표현은 우리의 기대를 다 채워 주진 못했습니다. 저는 이 사실을 그분께 말씀드린 적이 있습니다. 그분께서는 제게 그 자리에서 모든 것을 말해 보라고 용기를 북돋아 주셨습니다.

그리고 "여기서는 모든 것이 가능하기 때문입니다!"라고 말씀하셨습니다. 그 후 그분께서 손수 회칙 수정을 위해 힘써 주셨습니다.

그 다음에 있었던 알현에서 저는 가톨릭이 아닌 다른 그리스도 교회 신자들이 우리 사업회에 참여하고 있는 색다른 현상에 관해 말씀드렸습니다. 예를 들면 독일에서 루터교 주교님들, 여러 목사님들, 그리고 많은 평신도들을 만났는데 그들은 그야말로 반(反)가톨릭적이었지만 모두 이 사업회의 정신을 받아들였으며, 우리의 초청에 따라 로마로 왔을 뿐만 아니라 우리와 함께 요한 23세 교황님을 알현했고, 또한 그분(바오로 6세)의 알현에도 참가해 교황님의 모습에서 깊은 감명을 받았다고 말씀드렸습니다.

그리고 이 복음교회 신자들과 루터 교회 신자들이 독일에서 모임을 열고 그 모임에서 우리 운동에 대해 소개해 달라고 했을 때, 우리는 우리의 영성에 대해 설명하면서 성모 마리아에 대해 터놓고 이야기했고, 교황님에 대해서도 이야기했는데 그들이 기뻐했다는 것도 말씀드렸습니다.

교황님께서는 묵묵히 듣고 계시며 그 내용에 대해 커다란 관심을 가지고 계신 듯했습니다. 끝에 가서 그분께서는 이런 대화를 보

교황 바오로 6세를 알현하는 끼아라 루빅

다 넓고 깊게 해 나가는 것이 하느님의 뜻이라고까지 말씀하셨습니다. 또한 우리가 동서 유럽 지역에서 비신자들과 더불어 시작한 대화도 마찬가지라고 하셨습니다.

그리고 그 알현 때 우리에게 한 가지 특수 사도직을 맡기고자 하셨습니다. 동유럽의 몇몇 나라의 경우 그리스도교 정신은 분명 살아 있는데 전혀 소식이 없다고 하셨습니다.

그야말로 특별한 자선 사업을 할 수 있는 기회였습니다. 저는 즉시 이 같은 교황님의 소망을 받아들였습니다. 우리는 관광 활동을 조직함으로써, 이를 통해 그 지역에 살고 있는 사람들에게 영신적 위안을 가져다 주고 그곳에서 서유럽으로 오는 관광객 그룹들을 접촉하며 환영하고자 했습니다.

그래서 우리는 **'인콘트리 로마니'** 라고 하는 센터를 신설했으며,

동서 유럽 나라의 언어를 구사하는 포콜라리나들이 그곳에서 일하기 시작했습니다.

역시 그날 알현에서 교황님께서는 우리의 사업회가 '하느님의 사업' 이라고 확실히 힘주어 말씀하셨습니다. 그리고 끝으로 저에게 강복을 주시기 전에 이런 말씀을 덧붙이셨습니다.

"개인적으로 이야기하고 싶은 것이 있거든 언제든지 오십시오. 즉시 알현을 허락하겠습니다."

그 후에 뵈었을 때에도 그분께서는 우리 사업회를 거대한 사업회라고 거듭 반복하셨고 또한 서로 견줄 수 없이 아름다운 많은 것들을 간직하고 있는 화산과도 같다고 하셨습니다. 그리하여 그 모든 것이 고루 꽃 피어날 수 있도록 가능성을 주어야 한다고 하셨습니다. 그리고는 이렇게 덧붙이셨습니다.

"여러분은 공의회를 실현하는 사람들입니다."

그 후 여러 해 동안 바오로 6세의 일반 알현에는 로카 디 파파에 있는 마리아폴리 센터에서 모임을 하는 포콜라레 운동의 그룹들이 자주 참석했습니다. 으레 수요일이면 갖게 되는 교황님과의 이 만남은 하나의 관례가 되었으며 이 운동 전체의 역사상 중요한 단계가 되었습니다.

그리하여 1965년에서 1978년까지 교황님께서 우리 그룹들에게 들려주신 말씀들을 모아 우리는 《포콜라레 운동에게 하신 교황 바오로 6세의 말씀》[44]이라는 책자를 만들었습니다. 그분의 격려와 지침, 교의 등 소중한 자산들이 늘 우리 마음 안에 생생히 살아 있게 하려는 뜻에서였습니다.

인콘트리 로마니(Incontri Romani) : '로마에서의 만남' 이란 뜻.

44) Città Nuova 출판사, 로마, 1978.

'알아볼 수 있거든요'

요한 바오로 2세 교황님에 대해서는 많은 지면을 할애해야 할 것 같습니다. 지난번 젠의 축제 때 교황님께서 직접 말씀하셨듯이 그분은 당신의 친구이시지요. 그분을 처음 뵌 것은 언제였으며, 어떤 인상을 받으셨습니까? 그분이 어떤 말씀을 하셨는지요?

제가 교황님을 개인적으로 알 수 있게 된 것과 개별 알현, 조찬이나 만찬, 그리고 그분께서 우리 운동의 큰 행사에 참석해 주셨을 때와 우리 본부를 방문하셨을 때 등 여러 기회에 그분을 만나뵐 수 있었던 것은 커다란 은총이었다고 생각합니다.

처음 그분을 알현했을 때부터 저는 그분이야말로 사람들의 말을 귀담아 들으시는 교황님이시라는 아름다운 인상을 받았습니다. 그분께서는 신중하고 예리하신 분으로서 피상적인 사귐만으로는 만족하지 않으십니다. 그분께서는 제게 질문을 하셨습니다. 우리 영성에 대해, 이 운동의 세계적 확산에 대해 자세히 알고 싶어하셨습니다. 그렇지만 많은 말이 필요하지 않았습니다. 한 구절, 한마디만으로도 충분했습니다. 저는 그분께서 저를 이해해 주심을 느꼈습니다. 세상의 그 누구도 그분처럼 저를 잘 이해해 준 사람은 없었다는 생각이 듭니다. 또 그분께서 우리의 특은에 관해 언급하실 때, 이 카리스마야말로 오늘의 세상을 위한 하느님의 구원 계획 안에 들어 있는 것이라고 말씀하셨을 때, 저는 베드로 사도의 카리스마를 손으로 만지기라도 하듯 강하게 느낄 수 있었습니다.

그때 받았던 저의 첫인상은 해가 갈수록 교회와 사람 개개인에게 그토록 훌륭한 방법으로 당신 자신을 내어주시는 모습을 바라보면서 더욱 강하게 인식되었습니다. 그분께서는 우리에게도 그렇게 하십니다. 바오로 6세 알현 강당(네르비 강당)이나 카스텔간돌포에서 있었던 수백 차례의 일반 및 개인 알현을 통해 참석자들은 모두 한결같은 경험을 합니다. 즉 누구나 그분에게서 개별적인 사랑을 받았다고 느끼는 것입니다. 그분께로부터 있는 그대로, 한 인간으로서, 그리스도인으로서—그리고 저는 이것을 말하지 않을 수 없는데—또한 포콜라레 운동의 회원으로서 사랑을 받았다고 느끼는 것입니다. 세상 곳곳에서 포콜라리노들이나 젠들 등 우리 회원들을 만났었다는 말씀을 얼마나 자주 들려주시는지 모릅니다.

"그들을 알아볼 수 있거든요"라고 미소를 지으며 말씀하신답니다.

교황께서는 포콜라리노들의 본부를 여러 차례 방문하셨고 또 여러분의 몇몇 행사에도 참석하셨지요. 기억나시는 일화들이 있다면 말씀해 주십시오.

가장 감사드리고 싶은, 갑작스럽고도 예외적이었던 방문은 로카 디 파파에 있는 이 운동 총본부에 오셨을 때였습니다. 우리 사업회의 국제 본부가 카스텔간돌포와 아주 가까운 곳에 있긴 하지만 우리는 그분의 얼마 안 되는 휴식 시간을 조금이라도 빼앗지 않으려고 교황님 초대를 늘 삼가 왔었습니다. 그런데 1984년 8월 19일, 그분께서 우리를 찾아오셨습니다. 이날은 우리 운동에 있어서 가장 아름다운 날들 중의 하나로 남아 있습니다.

그날은 참으로 예외적인 날이었습니다. 그렇게 정의하신 그분께만이 아니라 특히 우리에게는 정말 특별하고 잊을 수 없는 날이었습니다. 교황님께서는 교회 구성원으로서의 우리의 신분에 관해,

교황 요한 바오로 2세와 끼아라 루빅

우리 영성의 본질에 관해 말씀해 주셨기 때문입니다. 총본부 앞마당의 넓은 잔디밭에서 우리 회원 3천 명이 그분을 기다리고 있었으며, 몇 시간 동안 큰 축제가 계속되었습니다.

그 후 이 운동의 큰 행사가 있을 때마다 교황님께서는 여러 번와 주셨습니다. 그리고 매번 격려와 지침을 주셨을 뿐 아니라 의전(儀典)의 모든 한계를 넘어 참석자 모두와 그 개개인에게 그분의 따뜻한 호의와 개별적 애정을 보여 주셨습니다. 이에 대해 수천 명의 젊은이들과 어른들이 폭발적인 환호를 보내 드린 것은 당연한 일이었습니다.

1980년, 로마의 플라미니오 경기장과 성 베드로 광장에서 진행된 젠 축제가 기억납니다. 로마 에우르 실내 체육관에서 열렸던 1990년 젠 축제 역시 그분의 현존과 그분의 말씀으로 빛났습니다.

요한 바오로 2세 교황님께서는 또한 '새가정 운동'의 큰 모임(1981년, 에우르 실내 체육관)과 '새인류 운동' 모임(1985년, 에우르 실내 체육관), 1982년 바오로 6세 알현 강당에서 가졌던 이 운동의 사제와 수도자들의 국제 대회에서도 말씀을 해 주셨습니다. 7천 명의 참석자들과 함께하셨던 그분의 공동 집전 미사에 대해 《로세르바토레 로마노》지는 '역사적인' 사건이었다고 정의했습니다. 그 다음에는 1986년, 바오로 6세 알현 강당에서 열렸던 '새본당 운동' 국제 대회에서 말씀을 해 주셨습니다.

그분께서 카스텔간돌포의 알현 강당을 내어주셨기 때문에 그것이 마리아폴리 본부로 변한 때부터는 그분의 방문이 매우 친근한 성격을 띠게 되었습니다. 그분의 휴양지 숙소에서 쉽게 오실 수 있고, 또한 그분의 말씀에 한층 더 따뜻한 사랑이 담겨 있기 때문입니다.

1986년 말에 있었던 그분의 마리아폴리 센터 첫 방문은 새 본부의 축성식과도 같았으며, 1989년 말에 있었던 방문 중에는, 그곳에서 모임을 하고 있던 여러 그룹의 회원 1,200명을 위해 미사를 드려 주신 후 이 운동의 몇몇 임원들과 함께 식사를 하셨습니다.

매우 단순한 카리스마

교황께서 포콜라레 회원들에게 하신 말씀 중에서 가장 의미 있는 것이 있다면 어떤 것입니까?

로카 디 파파에 있는 이 운동 국제 본부에 오셨을 때 하신 말씀이 특히 우리를 감동시켰습니다.

저와 몇몇 책임자들이 이 운동의 정신과 구조에 대해 짤막한 설명을 드렸을 때, 교황님께서는 주의 깊게 들으신 후 즉흥적으로 다음과 같이 말씀하셨습니다. 우리는 늘 이 말씀을 거울삼아 우리 자신을 비추어 보곤 합니다.

"여러분의 카리스마는 새로운 것이며 우리 시대를 위한 것입니다. 그것은 매우 단순하고 매력적인 특은입니다. 우리 종교 안에 존재하는 것들 중 가장 매력적이며 가장 단순한 것이 사랑이기 때문입니다. 그것은 그리스도교 정신의 핵심이며 복음의 핵심입니다. 그러나 애덕, 곧 사랑은 쉬운 것이 아닙니다. 아니, 매우 어렵고 까다로운 것입니다…."

그 다음, 여러 그리스도교 교파들과의 사이에 형성된 초교파적 접촉에 관해, 그리고 비그리스도인들과 비신자들을 상대로 우리가 시작한 대화에 관해 교황님께서 이렇게 말씀하셨습니다.

"이 운동의 구조 자체가 제2차 바티칸 공의회가 정의 내린 교회의 모습을 거의 그대로 반영하고 있습니다. 제2차 바티칸 공의회를 여러분의 경험과 사도직으로, 여러분 운동의 카리스마의 근본 원칙으로 해석한 것입니다."

모임을 마치면서 그분께서 이렇게 말씀하셨습니다.

"나는 이 운동이 어떻게 생활화되고 있는지, 세계적으로 어떻게 발전하고 있는지, 또 어떻게 그의 사명을 완수해 가고 있는지 등을 보았습니다. 오늘날 이 세상에는, 즉 나라와 사회, 여러 환경과 사람들의 생활 속에는 증오와 투쟁이 매우 강하게 자리하며 종종 이들은 계획적인 것입니다. 이 때문에 사랑이 필요합니다. 계획적인 사랑이 필요합니다. 그런데 이것은 곧 여러분의 신념이며 여러분 특은의 영감의 불꽃으로서, 포콜라레라는 이름으로 행하는 모든 것이 여기서 비롯됩니다. 계속 이 길을 따라 나가기를 바랍니다. 여러분은 이미 매우 분명한 노선을 따라가고 있습니다. 깊이 새겨진 특징을, 참된 카리스마를 가지고 있는데 그것은 하느님께로부터, 성령께로부터 오는 풍요로운 사랑인 것입니다. 여러분은 온 세상의 현대인들의 삶 속에 복음에 뿌리를 둔 사랑을 가져다 주고자 하며 이 사랑으로써 하느님께서 사랑이심을 증거하고 있습니다."[45]

교황님의 이 말씀은 우리 마음속에 깊이 새겨졌습니다. 그런데 그때 외에도 매번 우리에게 말씀하실 때면 항상 이 운동의 영신적 노선이 옳음을 확인해 주셨고, 모든 분야별 활동들을 고무해 주셨습니다. 이 운동에서 행해지는 활동들의 동기와 내용이 복음에 부합되는 것임을, 교회에 충성하는 것임을 강조하셨습니다.

그분의 말씀을 들을 때마다 우리는 교황님께 특별한 식별력의 은사를 주신 하느님께 감사를 드리게 됩니다. 그리고 그분이 '형제들에게 힘이 되어'(루가 22 : 32 참조) 주기 위해 사랑으로 봉사하고 계시는 데 대해서도 하느님께 감사드리게 됩니다.

끝으로, 1986년 5월 어느 일요일 교황님께서 우리에게 하신 짤막한 말씀 한마디만 더 인용하겠습니다. 우리 운동의 회원 7천여 명의 알현을 받으시면서 교황님께서는 아마도 그때의 영신적이고도

45) 《로세르바토레 로마노》지, 1984년 8월 20~ 21일자, 5면.

초자연적인 분위기에 감동되셨던지 삼종 기도 때 성 베드로 광장을 향해 열려 있는 그분의 창가에서 다시 한 번 공식적인 인사를 그들에게 보내셨습니다. 그때 성모 마리아에 대해 말씀하시면서, 성모님을 "포콜라레의 어머니, 포콜라리노들의 마리아"라 칭하셨습니다.

요한 바오로 2세의 가르침들 중에서 당신이 특별히 더 강한 인상과 영감을 받은 것들이 있다면 어떤 것들입니까?

요한 바오로 2세 교황님의 가르침이 지닌 특별한 측면을 강조하고 싶습니다. 거기에는 그분만의 특별하고 독특한 색채가 담겨 있다고 생각되기 때문입니다.

현대적이신 그분께서 과거와 현재 세계의 문제점들을 환히 알고 계시며, 교의적 · 윤리적 · 신학적 분야에 조예가 깊으시다는 사실은 모두가 알고 있습니다.

그러나 그분께서는 교회학 분야에서 참된 혁신을 이루어 가고 계시다는 생각이 듭니다. 아시는 바와 같이 교황님께서는 성사적이고 법적인 교류의 현실들을 활성화할 필요가 있다고 끊임없이 주장하고 계십니다. 그분께서 이 운동의 많은 친구 주교님들께 말씀하실 때에도 성삼위 안에서의 교류의 근원은 사랑이며 교회는 성삼위의 교류를 모상으로 하여 세워졌으므로, 효율적(법적)으로 연대를 이룬 주교단이 또한 사랑으로 연대를 이룬 주교단이 되도록 당부하셨습니다.

뿐만 아니라 교황님께서는 성서에 기초를 두시고, 또한 제2차 바티칸 공의회의 건의를 받아 일해 오신 재위 10년간 커다란 새로움을 가져오셨으니, 교회로 하여금 자신의 본모습을 새로이 자각할 수 있게 하신 것입니다. 교회에는 상호 보완적인 두 가지 차원 즉 마리아적 차원과 베드로적 차원이 있음을 그분은 알아보신 것입니다.

몇 년 전 그분께서 로마 교황청 고위 성직자들에게 교회의 마리아적 차원을 강조하시는 말씀을 하신 적이 있습니다. 그때 "마리아적 차원은 사도적이요 베드로적인 차원만큼이나 필수적이며 고유한 것이다"고 말씀하셨습니다. 저는 이 말씀을 읽으면서 벅차오르는 감격을 누를 수가 없었습니다.

교황님께서는 실지로 이렇게 말씀하셨습니다.

"교회의 마리아적 차원은 베드로적 차원에 분리됨 없이 그것을 보완하지만 베드로적 차원보다 우선하며, 또한 교회의 마리아적 차원은 하느님의 계획 속에서나 시간적으로 베드로적 차원보다 우선한다. 그리고 마리아적 차원은 베드로적 차원보다 더 높고 탁월하며, 개인적으로나 공동적으로 더욱 풍부히 적용된다."[46]

저는 여러 해 전 "오로지 성모 마리아께서만 교회를 이해하시며 교회만이 성모 마리아를 이해한다"고 기록하셨던 일을 기억합니다. 교황님께서 성모 마리아께 **'토투스 투우스'** 라고 하신 것은 그저 그렇게 하신 말씀이 아닙니다. 그것은 진리이며 그분께서는 이를 생활화하십니다. 이 진리가 그분으로 하여금 성모님을 빼어닮게 함으로써, 그토록 위대하고, 그토록 섬세하게 인간적이시며, 그토록 드높으시면서도 그토록 평범하신 분이 되게 했습니다. 그리하여 진정

---

46) 교황 요한 바오로 2세가 로마 교황청 고위 성직자들과 추기경들에게 한 연설, 《로세르바토레 로마노》지, 1987년 12월 23일자.

토투스 투우스(Totus tuus) : 라틴어로 '저는 오로지 당신의 것입니다' 라는 뜻.

'하느님의 종들의 종'이 되시어 자신이 베드로의 카리스마를 소유하고 있음을 잘 인식하고 계시면서도 모든 권위주의와는 무관하신 것입니다.

벽돌을 모아

교황님은 카스텔간돌포의 알현 강당을 이 운동에게 선물하셨습니다. 어떻게 그런 일이 일어날 수 있었는지요?

그것은 정말 특별한 선물이었습니다. 1982년 12월 5일, 교황님께서 카스텔간돌포의 알현 강당을 우리에게 주신다는 소식을 전해 받았을 때 우리가 어떤 상황에 처해 있었는지를 아신다면, 우리가 얼마나 기뻐하고 감사했는지를 잘 이해하실 수 있을 것입니다.

저는 교황님께 드린 편지에서도 이에 대해 언급했습니다. 그분께 말로는 다 할 수 없는 우리의 감사를 드리면서, 우리는 그때 베들레헴에서 머물 곳을 찾아 다니시던 성모 마리아와 요셉 성인과 거의 비슷한 상황이었다고 말씀드렸습니다. 모임에 참석하는 사람들의 수효가 많아져서 로카 디 파파에 있는 우리의 작은 마리아폴리 센터로는 더 이상 감당할 수 없게 되었기 때문이었으며 이 때문에 하느님께서 우리를 도와주시기 위해 이 예외적인 선물을 보내 주신 것으로 여겨진다고 말씀드렸습니다.

우리는 마음속에 우리 가운데 현존하시는 예수님께 대성전을 지어 드리고 싶은 소망을 지니고 있었습니다. 즉 우리 가운데 현존하시는 예수님에 의해 축성되는 건물, 그 예수님께 봉헌되는 건물을 짓고 싶다는 것이었습니다. 우리는 언제나 오로지 그분을 모시기 위해 모임을 갖기 때문입니다.

그러나 그것은 사업회의 현 규모에 맞는 것이어야 했습니다. 따라서 하늘 **아버지**께서 도움의 손길을 보내셨음이 분명한 것 같았습니다. 우리의 힘으로는 그런 건물을 지을 수 있는 장소와 방법을 도저히 찾아낼 수 없었을 테니까요.

물론 우리는 그 거대한 강당을 보다 기능적인 것으로 개조하기 위하여 적지 않은 경비를 마련해야 했습니다. 이 시점에서 '벽돌 모으기 운동'이 시작되었습니다. 즉 이 운동의 전 회원들이 놀라울 정도로 너그러움의 경쟁을 벌이기 시작한 것입니다. 어린아이에서부터 어른에 이르기까지 각자 나름대로 자신의 여유분을 내어주었습니다. 카스텔간돌포 강당을 선물로 받은 것이 첫번째 기적이라면 공사에 필요한 경비의 모금은 두 번째 기적으로서, 이를 통해 공사를 시작하고 마무리지을 수 있었습니다.

따라서 우리는 하느님께, 교황님께, 벽돌을 한 장 한 장 모아 보낸 모든 분들께, 그리고 사업회의 고유한 양식과 그 목표가 잘 반영되는 설계도를 작성하고 공사를 끝맺은 우리 운동의 모든 기술진들에게 무한한 감사를 드립니다.

교황님께서는 저의 장상이십니다

개인적으로, 당신은 교황 요한 바오로 2세로부터 어떤 은혜를 입었다고 생각하십니까?

저는 제 자신에 관해 이야기해야 할 때마다 거북스러움을 느낍니다. 그래도 이야기를 해야 할 경우가 간혹 있는데 지금이 바로 그 순간이라고 느낍니다. 저는 요한 바오로 2세 교황님으로부터 너무 많은 도움을 받았기 때문입니다.

누구나 그분 앞에서는 자신이 가득히 실현됨을 느낍니다. 그분께서는 각 사람을 있는 그대로, 그 사람이 지니고 있는 카리스마를 소중히 여기시면서, 그 사람이 교회를 위해 어떻게 봉사하고 있는지를 알아보시면서 사랑하시기 때문입니다. 그리고 특은에 의해 태어난 운동을 있는 그대로 사랑하시며, 또한 그 운동의 기여를 인정하시면서 사랑하십니다. 그분께서는 여성이야말로 인류의 심장임을 느끼게 해 주십니다. 그분의 딸인 동시에, 일치 안에서 교회와 함께 성장하는 공동 협력자이기도 하다는 것을 느끼게 해 주십니다.

그분을 만나 뵈면서 저는 이 같은 체험을 합니다. 이 때문에도 저는 그분을 위대하신 분으로 생각합니다. 요한 바오로 2세 교황님께서는 남녀를 차별하지 않으십니다. 남녀가 지닌 각각의 카리스마를 사랑하시고 알아보시며 이를 강조하십니다. 그리고 여성 안에서 성모 마리아의 모습을 보십니다. 창조 사업의 걸작이신 성모 마리아의 모습을 보시는 것입니다. 그러나 또한 여성이 진정 여성일 때에야 걸작품일 수 있다는 것도 아십니다. 그분께서는 교회의 마리아적 차원을 단지 영신적이나 신비적 현실로만 간주하시는 것이 아니라, 역사적 현실로 간주하시며 그 같은 사실을 행동으로 보여 주십니다. 예를 들면, 그분께서는 우리 운동이 마리아 사업회라고도 불린다는 것을 알고 계시며, 이 사업회는 교회 안에 성모 마리아의 현존을 가져다 준다는 것을 강조하십니다.

또 한 가지, 매우 개인적이고 내적인 것이긴 하지만 말씀드려야 할 것이 있습니다.

교황님께서는 저의 장상이시라는 것입니다. 그분과 대화할 수 있는 기회가 있을 때마다 저는 그 순간이 저와 우리 운동 전체가 그분과 더불어 깊은 일치를 이루는 순간이 되도록 노력합니다. 저에게 하느님과 교회를 대표해 주시는 그분과 완전히 일치함으로써 우리 스스로를 교회 안의 교회라고 말할 수 있기 위해, 또 그렇게 될 수 있기 위해서입니다.

교황님과의 개별적이기도 한 이 일치가 없다면 저는 이 운동 안에서 일치를 생활할 수도 없고, 이를 대표할 수도 없을 것입니다.

그분을 뵙고 돌아올 때마다 제 안에는 다른 어느 누구와의 관계에서도 찾아볼 수 없는 특별한 일이 일어나곤 합니다. 저는 하느님과의 깊은 일치를 맛봅니다. 그것은 참으로 특별한 일치입니다. 이런 느낌은 오래 가기도 하고 그렇지 않기도 하지만 저는 여기서 힘과 기쁨과 위로를 얻어 새롭게 이 사업회를 위해 일을 해 나가게 됩니다.

가장 좋은 도구

오늘의 교회 현실 속에서 교황님은 포콜라레 운동에 대해 어떤 중요성을 부여하시는지요?

저는 먼저 화제의 폭을 넓혀 교회 안에 새로 태어난 모든 운동 단체들과 교회 안에서의 그들의 역할에 대해 말씀드리겠습니다. 아시다시피 요한 바오로 2세께서는 운동 단체들을 매우 중요하게 여기십니다. 그 이유에 대해서는 그분께서 말씀하신 내용을 그대로 읽어 드리겠습니다.

“이들은 카리스마적인 은사들을 기반으로 하여 세워졌으며, 이 은사들은 교계의 것들과 마찬가지로 성령의 은사들로서 그리스도의 정배인 교회를 장식한다."[47]

이 은사들은 서로 다르지만 '또한 상호 보완적'이라고 그분께서는 말씀하십니다. 그리고 표현이 그다지 명확하지 못했을지도 모른다는 우려에서 이렇게 단언하십니다.

"교회는 그 안에 제도적인 면과 카리스마적인 면을 모두 필요로 하고 있으며, 교계와 신자들의 단체 및 운동들은 함께 교회의 본질을 이루면서 교회의 삶과 쇄신과 성덕을 위해 공동 협력한다."

또한 이 운동들이 역사의 구체적인 현실 속에서 하느님의 말씀을 살기 위해 노력하므로, 그들은 "생활을 통한 증거로써 세속적 현실과 인간적 가치들 안에 복음적 활기를 불어넣어 주며, 애덕과 성덕의 측면에서 무한하고 다양한 창의력으로 교회를 풍요롭게 한다".

교황님께서는 이 운동들의 활동이 "커다란 중요성을 띠고 있으며 앞으로도 교회 안에서 중요한 역할을 하게 될 것"이라고 말씀하십니다. '평신도들의 새로운 카리스마들이야말로 교회로 하여금 오늘의 역사 안으로 힘차게 뛰어들 수 있게 하는 열쇠'라고 생각하시기 때문입니다. 그리고 이 카리스마들이야말로 '교회와 세상에서 자신의 역할이 무엇인지를 이해하는 적극적인 평신도상을 낳고 성숙시킬 수 있는 가장 좋은 도구'라고 생각하십니다.

무슨 말씀을 더 드릴 수 있을까요? 우리는 신학적이고 예언적인 그분의 이런 말씀들에 감명을 받았습니다. 그리하여 우리는 왜 그분께서 우리 운동에 대해서 그토록 호의적이고 개방적인 태도를 지니고 계시는지를 이해할 수 있게 되었습니다.

---

47) 국제 제2차 교회 운동들과의 대화 모임 참석자들에게 한 교황 요한 바오로 2세 연설, 《로세르바토레 로마노》지, 1987년 3월 2~3일자, 4면.

그런데 그분의 연설 내용 하나하나가 그분께서 우리 운동을 어떻게 생각하고 계시는지, 왜 우리 운동을 그렇게 가까이 느끼시는지를 분명히 알 수 있게 해 줍니다. 이 운동의 본질적 핵심을 파악하시면서, 그것이 교회 안에서 성모 마리아의 역할을 지니고 있음을 확인하고 계시기 때문입니다.

1986년 말 그분께서 카스텔간돌포 즉 현재의 마리아폴리 센터에 오셔서 그곳에서 모임을 하고 있던 7백여 명의 포콜라리노들을 만나신 일이 있었습니다.

포콜라레란 봉헌된 평신도들의 공동체로서 나자렛 가정을 본받아 태어났으며, 영신적으로 예수님을 모시고 생활하는 동정인들의 공동 생활이라는 것을 알게 되신 그분께서는 나자렛의 집을 첫번째 마리아폴리라 생각할 수 있겠다고 하셨습니다.

왜냐하면 "이 집에서 가장 중요한 신비는 그리스도이시지만 그 신비는 그분 즉 한 여인을 통해 우리에게 전달되었기 때문입니다. 이 여인에 대해서는 창세기와 요한 묵시록에서도 말하고 있는데 그 여인은 역사적, 현실적으로 현존해 계셨던 동정 마리아이십니다. 여러분이 마리아폴리라고 부르는 그 본질은 바로 이것이라고 생각합니다. 성모 마리아께서 현존하시게끔 하는 것, 즉 하느님께서 베들레헴의 밤에, 그리고 그 후 나자렛에서의 30년간 성모 마리아의 현존을 돋보이게 하셨듯이 그분께 자리를 내어드리는 것입니다".[48]

또 한 번은 저를 점심 식사에 초대해 주셨는데, 그때 "교황님, 저희 운동에 대해 어떻게 생각하십니까?"(저는 우리 운동이 교회를 위해 어떤 역할을 해야 하는지를 여쭈어 보고 싶었습니다)라는 저

---

48) 교황 요한 바오로 2세 연설문 녹음. 1986년 12월 28일(포콜라레 운동 문서).

의 질문에 그분께서 이렇게 답하셨습니다.

"교회 일치 운동입니다." 넓은 의미에서 그렇게 말씀하셨다고 저는 생각합니다. 즉 모든 이에게 열려 있어야 함을 뜻하시는 것이었습니다.

교황 요한 바오로 2세께서 교회를 이끌기 시작하신 후부터 혹시 이 운동 안에 종전과 다른, 좀더 현대적인 영성이 들어오지는 않았습니까?

솔직히 말씀드려 교황님께서 우리에 대해 말씀하실 때에는 앞에서 인용한 그분의 말씀 몇 마디만으로도 잘 알 수 있듯이 언제나 이 운동의 카리스마를 확인해 주곤 하셨습니다. 그분의 말씀들은 언제나 저와 모두에게 열심히 일하라는 커다란 격려로 들리곤 했습니다. 이 사업회가 점점 더 본연의 모습을 갖추어 가도록, 즉 교회의 모습을 그대로 지닌 존재가 되도록 일하라는 격려가 담겨 있었습니다. 그분께서는 이 사업회가 교회의 참모습을 그대로 지니고 있다고 생각하십니다.

그분께서 저에게 들려주신 한마디 강한 표현이 생각납니다. 그것은 성 베드로 대성전에서 교황님 앞에 무릎을 꿇었을 때 들려주신 말씀입니다. 저는 그분께 젠 축제에 참석차 광장을 가득 메운 젊은이들을 소개해 드리고 있었습니다.

"항상 성령의 도구가 되십시오!"

이 말씀은 제 마음속 깊이 새겨졌으며, 하느님께 대한 경외심을 더 키워 주었고, 카리스마를 신뢰할 수 있는 용기를, 우리의 영신적 보행을 계속해 갈 수 있도록 용기를 불어넣어 주었습니다.

물론 교황님의 특별한 교권, 그분의 가르치심, 그분의 사목 활동, 이 모든 것이 우리에게 빛이 되고 자극이 됩니다. 지금 저는 우리 모두에게 그렇다고 말씀드리고 있으며, 또한 젊은이들의 이름으로, 우리 운동의 새 세대인 젠들의 이름으로 말씀드리고 있습니다.

그들은 젊은이들에게 하시는 교황님의 말씀을 들을 때마다 언제나 힘과 용기를 얻곤 합니다. 젊은이들이 교황님 마음속에 특별한 자리를 차지하고 있는 것은 당연한 일입니다. 세계 젊은이의 해를 맞아 전세계 젊은이들에게 보내신 편지에서 그분께서는 이렇게 기록하셨습니다.

"미래는 여러분에게 달려 있습니다. 1천년대의 종결과 2천년대의 출발이 여러분에게 달려 있습니다. 그러므로 수동적인 자세를 취하지 마십시오. 여러분 앞에 펼쳐져 있는 이 세상의 모든 분야를 책임지도록 하십시오. '깊은 영신적 부활'을 필요로 하고 있는 이 세상을."[49)]

우리 젠들은 교황님께서 자기들을 굳게 신뢰하고 계심을 직감했으며, 그분 안에는 회의주의라는 유행병이 잠입할 수 없는 젊은 심장이 고동치고 있음을 알았습니다.

그들은 그분을 자신들의 지도자라고 선언했습니다. 우리의 젊은이들은 자신들의 삶과 교황님의 가르치심이 깊이 일치됨을 느낍니다. 이는 내일을 확실히 보장해 주는 것이라고 할 수 있습니다. 그리고 그들은 그분의 원의(願意) 중 단 한 가지만이라도 자기들의 것으로 받아들일 때에는 그들 서로간의 일치가 참되고 더욱 보편적이며 구체화되는 것을 여러 차례 경험했습니다.

---

49) 세계 젊은이의 해에 전세계의 젊은이들에게 보낸 교황 요한 바오로 2세의 서한. Poliglotta Vaticana, 1985년 3월 31일, 4면 62~ 63줄.

제9부

교회 안의 여성

회장은 항상 여성일 것입니다

당신은 제2차 바티칸 공의회 20주년을 기해 열렸던 특별 시노드와 평신도를 주제로 한 시노드에 옵서버로 참석하셨습니다. 그 외에도 평신도 평의회 자문위원이 되셨지요. 이것은 여성이 교회 안으로 들어가고 있다는 의미를 지니는 것이라고 생각되는데요. 교계(敎階)가 지금까지 여성들의 교회 내 고위직 참여에 대해 편협적으로 생각해 왔던 경향이 이제 바뀌어 가는 것인지요? 만일 그렇다면 어떤 방향으로 바뀌고 있는지요?

원칙들을 이야기하기보다는 교회가 현재 어떻게 움직여 가고 있는가 하는 점이 더욱 중요하다고 생각합니다. 그런데 현재 교회는 이른바 방향 전환의 표징을 몇 가지 보여 주고 있다고 여겨집니다.

특기할 만한 것으로 저와 직접 관련된 사건 한 가지만 예로 들고 싶습니다. 요한 바오로 2세 교황님께서는 우리 사업회가 여러 형태로 봉헌된 평신도, 젊은이, 가정, 세상 한가운데에서 일하고 있는 사람들, 사제, 남녀 수도자 등으로 이루어져 있음을 알고 계십니다. 그리고 이미 말씀드린 바와 같이 그분께서는 이 사업회가 마리아적인 성격을 강하게 띠고 있다고 수차례에 걸쳐 강조하셨습니다. 그런데 하느님께서 이 사업회의 시작과 발전을 한 여인에게 맡기시면서 세우신 그 계획을 보존해 가면서, 우리는 앞으로도 이 사업회가 그 내면의 영신적 특성에 있어서뿐 아니라 외면적으로도 마리아의 모습을 지닐 수 있기를 바라고 있습니다. 이 때문에 어느 날 저는 용기를 내어 교황님께 우리 사업회의 회장을 항상 여성으로 하도록 회칙에 명기할 수 있다고 보시는지를 여쭈어 보았습니다. 그분께서 선뜻 이렇게 답하셨습니다.

"물론이지요. 그렇게 해야 합니다!"

그리하여 교황청으로부터 공식 인준을 받은 우리의 보완된 회칙에는 이 규정이 들어 있습니다. 이는 교회 내에 새로 태어난 운동들 사이에서는 아마도 새로운 일인 듯합니다. 이 규정은 아무런 성품도 받지 않은 여성이, 평신도와 나란히 이 운동의 정신을 생활하는 많은 사제들, 남녀 수도자들, 그리고 상당수의 주교님들이 포함되어 있는 교회 단체를 주도해 갈 수 있음을 확인해 주고 있습니다.

이 모든 것이 여성의 역할에 대한 새로운 시야가 교회 안에 열리고 있음을 말해 주는 듯합니다.

다양한 사제직

여성 사제직에 대해서는 어떻게 생각하십니까?

특히 교회 일치 운동 차원에서, 예를 들면 성공회와의 관계에 있어서 이 문제가 아직도 얼마나 뜨거운 논란의 대상이 되고 있는지는 모두가 알고 있습니다. 저는 우선 여성은 근본적인 고유한 가치들을 지니고 교회 구조 안에 존재한다는 점을 지적하고 싶습니다. 그리고 여성은 이 가치들을 수호하기 위한 성소를 갖고, 하느님의 계획에 따라 교회 안에 자리하게 되었다고 말씀드리고 싶습니다.

물론 예수님께서 이 점에 대해 무어라 언급하신 적은 없으셨습니다. 그러나 그분께서는 여성에게 비할 데 없이 훌륭한 사람을 모범으로 제시해 주셨습니다. 역사상 모든 위대한 그리스도인 여성들이 이 모델을 바라보았는데 그분이 바로 예수님의 어머니, 성모 마리아이십니다.

진정 교회를 위해 봉사하려는 여성이라면 누구나 성모님에게서 자신이 도달해야 할 모습을 찾아볼 수 있습니다.

여성에 대해 갖가지 그릇된 견해들, 그를 도구화하는 견해들이 나돌고 있기는 하지만, 그리스도인 여성은 성모 마리아를 본받아 그가 목표로 해야 하는 것은 사제직이 아니라는 사실을 이해할 수 있을 것입니다. 하느님의 어머니이신 마리아처럼 여성은 교회 안에서 남성들과는 다른 과업, 그러나 그만큼 중요하고 필수적인 과업을 지니고 있기 때문입니다. 여인은 그만이 할 수 있는 방법으로 우리 종교의 다른 모든 보물들과 다른 모든 현실들보다도 사랑이 중요함을, 사랑이 우위임을 증거해 보여야 합니다. 사제직에로 부르심을 받은 사람들이 지니는 드높은 존엄을 포함한 다른 모든 현실들보다도 사랑이 중요하며 우위에 있음을 증거해야 합니다.

그렇습니다. 사랑이 더 중요합니다. 우리는 그것을 알고 있습니다. 사제나 주교이기 때문에 하늘 나라에 가는 것이 아닙니다. 사랑했기 때문에 그곳에 가는 것입니다. 사제와 주교들은 그리스도께서 그들 위에 교회를 세우셨으므로 그들은 교회의 기둥들이기는 하지만 천국에 가지 못할 수도 있습니다. 그러나 남성이든 여성이든 그가 사랑을 했을 때에는 결코 지옥에 가지 않을 것입니다.

가장 중요한 것은 사랑입니다. 교계(教階)와 성사는 이 세상을 위한 것이라는 점만 생각해 보아도 알 수 있습니다. 반면 사랑은 저 세상에서도 남아 있습니다. 그러니 하느님 백성의 한 무리들이 이 진리를 확인할 필요가 있습니다. 오해의 소지를 남기지 말아야 하기 때문입니다. 초자연적 사랑 안에서, 사랑으로 인해, 사랑을 가질 때, 여성은 교회 안에서 자신의 자리를 찾을 수 있습니다. 여성은 본질적으로 사랑하도록 만들어졌으므로 모든 희생을 감수할 줄 압니다. 사랑인 여성의 직분이 세기를 두고 오늘에 이르기까지 교회 안에 마리아의 현존을 생생히 보존해 오고 있습니다. 사랑의 직분은 사제나 주교들이 하는 일을 한층 더 비옥하게 하며, 성 바오로의 말씀처럼 불 속에 뛰어든다 해도 사랑이 없으면 소용이 없으므로, 하느님의 사제가 되는 것도 사랑이 없다면 하느님의 뜻에 의한 것이 아님을 그들에게 상기시키기 때문입니다. 사랑이 없는 곳에서는 모든 것이 형식으로, 속이 빈 의식으로 변할 뿐입니다.

그러므로 교황님께서도 말씀하셨듯이, 여성들이 "비록 사제직에로 부르심을 받지 않았다 할지라도, 그리고 이 점에 대한 교회의 가르침이 매우 분명하다 할지라도, 하늘 나라에 대한 기쁜 소식을 선포하는, 복음화해야 하는 계획 속에 여인들이 필요 불가결한 부분으로서 자리하고 있다는 사실은 그 어떤 방법으로도 부정할 수

없는 것입니다".[50]

또한 그들은 특히 카리스마 중에서도 가장 큰 카리스마인 사랑의 카리스마를 가지고 이 과업을 이행해 갈 수 있는 것입니다.

교황님은 또 이렇게 말씀하셨습니다. "교회가 교계면에서는 사도들의 후계자들인 남성들에 의해 인도되어 온 것은 사실입니다. 그렇듯이 카리스마적인 면에서는 여성들이 남성들과 마찬가지로, 아니 어쩌면 그들보다도 더 교회를 이끌고 있다는 것은 한층 더 분명한 사실입니다."[51]

이것은 교황님께서 하신 말씀이며, 신학자 발타살(Hans Urs von Balthasar)의 말에 동조하셨습니다. 이 신학자는 이렇게 말했습니다.

"성모 마리아께서는 사도적 능력을 넘어서서 사도들의 여왕이시다. 그분께서는 사도적 능력과 다른 더 위대한 능력을 지니고 계신다."[52]

그러므로 여성은 성모 마리아의 믿음과 존엄과 사랑을 지니고 자신의 소명을 충만히 실현함으로써 교회를 위해, 그리스도의 제자들의 삶 안에 내포된 마리아적 차원에 대한 산 증거가 될 수 있습니다. 또한 그는 교회의 본질적 현실인 마리아적 모습을 살리고 표현하는 데 기여할 수 있습니다.

---

50) 교황 요한 바오로 2세, 미국 주교들에게 한 연설(1987년 9월 16일, 로스앤젤레스), *Insegnamento di Giovanni Paolo II*, 10호(바티칸 도서출판, 1987), 1988 : 566.

51) 젊은이들에게 한 교황 요한 바오로 2세 연설(1980년 6월 1일, 파리), *Insegnamento di Giovanni Paolo II*, Ⅲ/Ⅰ(바티칸 도서출판, 1990), 1980 : 1628.

52) 여성의 존엄, 27항.

인간을 존중하는 구조

당신은 수도회 총장 모임에 참석하신 적이 있으시지요. 평신도이며 여성인 당신이 이 남자 수도회 총장들의 집회에서 어떤 느낌을 받으셨는지요?

매우 자유스러웠습니다. 저는 부탁받은 대로 저의 영신적 체험담을 들려드렸는데, 그것은 이 운동의 역사와 일치되는 것이었습니다. 저는 아무런 어려움도 느끼지 않은 채 그분들의 질문에 답했는데, 그것은 제가 단지 생활했던 것들만을 이야기했었기 때문입니다. 또 모두가 수도회와 수도원의 장상들이셨기 때문에 교회 안에 존재하는 카리스마를 감지하실 줄 아는 분들이셨습니다.

오늘날 그리스도교 영성에 있어 여성의 중요성은 어디에 있다고 생각하십니까? 그리고 일상 생활 안에서는 어떠하며, 사회 안에서 그의 현존은 어떤 중요성을 지니는 것일까요?

여러 대륙을 여행하고 그곳 사람들과 그룹들을 만나면서 저는 오늘날 새로운 여성상이 피어나고 있다는 인상을 받습니다. 예를 들면 여러 그룹이나 운동 · 협회들 안에서, 이탈리아와 외국에서 공의회를 전후하여 태어난 새로운 수도회들 안에서 이 새로운 여성상을 접할 수 있습니다. 이 같은 운동들과 단체들은 모두 교회의 표현들이며, 이들을 통해 성령께서 일하고 계심을 우리는 인정하지 않을 수 없습니다.

어디서나 이런 여성들을 찾아볼 수 있습니다. 가정에서, 직장에서, 학교에서, 국회에서, 극장에서, 병원에서, 교회 단체에서… 그들은 동정녀, 아내, 어머니, 젊은이, 어른 들입니다.

사실 이 새로운 교회 조직체들의 영성들은, 적어도 몇몇 영성들은 공통되는 요소들을 지니고 있는데 이들에 대해서는 특히 여성들이 민감한 반응을 보이고 있습니다. 이 영성들은 물론 남녀 모두에게 해당되는 것이며 한층 더 나아가 모든 사회 계층, 모든 성소에 맞는 것이지만, 특히 평신도에게, 나아가서는 여성들에게 더 적합한 것입니다. 예를 들면 이런 영성들이 일반적으로 지니고 있는 마리아적인 면은 여성들에게 매력의 대상이 되고 있습니다.

이런 영성들은 하느님의 말씀을 강조합니다. 말로써 선포하는 것만이 아니라, 이 영성을 따르는 사람들에 의해 철저히, 지속적으로 생활화됨으로써입니다. 하느님의 말씀을 마음속에 간직하셨던 성모 마리아, 예수님의 어머니 마리아를 닮음으로써입니다. 마리아께서는 선포된 말씀이었다기보다는 생활화된 말씀이셨습니다.

이 영성들은 공동체를 낳습니다. 곧 하느님의 커다란 가정이 어떤 것인지를 보여 주는 크고 작은 모델들을 낳습니다. 이런 공동체들 안에서는 여성 특유의 일치시키는 능력이 찬란한 결실들을 맺고 있습니다.

이들은 세상에서 여성의 권리 확보를 위한 작업이 광범위하게 진행되고 있음을 알고 있으며, 필요한 경우에는 이를 위해 열심히 일합니다. 그러나 너무 서두르지도 않으며, 그렇다고 모든 것이 다 완성되었다고도 생각하지 않습니다. 그들은 여성들이 심지어 노예 신분에 속해 있는 그런 문화권이 아직도 세상에 존재한다는 것을 알고 있으며, 따라서 이를 해결해야 한다는 것도 알고 있습니다.

그러나 그들은 이런 활동에만 희망을 걸지 않습니다. 이렇게 하는 것만으로는 여성이 가득한 행복에, 완전한 자기 실현에 도달할 수 있는 것이 아니기 때문입니다. 다른 길이 있습니다. 강생하신 사랑이신 예수님을 만날 때 비로소 그들은 가장 중요한 것을 발견하는 것입니다. 그리하여 그들은 오늘의 교회가 요구하는 바에 따라 그분의 메시지를 새로운 방법으로 실천합니다. 그들은 사랑이신 하느님께 대해 굳은 믿음을 지니고 있으며, 흔히 형제들 안에서 그분을 사랑함으로써 그분의 사랑에 응답하고자 합니다. 이렇게 하는 것이 여성들의 독점물은 아니지만, 특히 여성들이 이에 적합하며, 따라서 그들은 여성이 지닌 모든 부(富)를 총동원하여 이 같은 일에 주력하게 되는 것입니다.

이렇게 살고자 하는 여성은 예수님께서 가정 안에 현존하실 수 있도록 힘씁니다. 그리하여 결혼 생활에 있어서도 남녀가 동등한 존엄성을 지니며 평등하다는 인식을 새로이 하고 이를 토대로 하여, 온 가족을 위해 끊임없이 자신을 온전히 내어주며, 상대편을 위한 삶을 늘 새롭게 살고자 합니다. 그들은 문제를 해결하고, 대립을 평정하며, 용서할 줄 압니다. 임무와 책임을 조화로이 나누어 짐으로써 가정에 새로운 평화를 가져오고, 가정이 온 인류를 향해 문을 열 수 있게 합니다.

이런 여성들은 사회의 모든 분야에서 일합니다. 여성들은 생활 속에서 모든 사람들에게 주의를 기울이면서 상대편을 향해 마음을 열고 있기 때문에 여러 형태의 활동들에 새로운 자극을 줍니다. 그리하여 구조들을 다시 인간화하고 그 안에 새로운 활력을 불어넣어 줍니다. 여성은 인류의 중대한 문제들을 해결하기 위해 일할 줄 압니다.

그리하여 부(富)와 생필품의 보다 공정한 분배를 위해 국가들이 연대성을 지닐 수 있도록 하기 위해 주의를 기울입니다. 여성은 작은 실현 속에도 해결의 실마리가 있음을 알아보며, 이를 광범위하게 적용시킬 수 있음을 압니다. 여성은 오늘의 환경 문제에 대해서 민감한 반응을 보입니다.

이 새로운 유형의 여성은 인류의 역사란 모두가 그리스도 안에서 한 형제라는 사실을 깨달아 가는 느리고 힘겨운 발걸음임을 이해하며, 사회 구석구석에서 이 보편적 형제애를 실현하기 위해 일합니다. 그의 마음속에는 보편적 사랑이, 모두를 향한 사랑이 살아 있습니다. 그 사랑은 사람들을 차별하지도 않고 특별히 선호하는 일도 없습니다.

그렇습니다. 교회의 품안에 새로운 여성이 태어나고 있다는 확신, 여성이 충만히 실현되고 있다는 확신을 저는 가지고 있습니다. 제가 그에 대한 많은 예를 보고 있기 때문이기도 합니다.

성모 마리아를 본받아

'여성의 존엄' 이라는 회칙에 드러난 교황 요한 바오로 2세의 견해는 당신의 견해와 같은 것입니까?

예전부터 복음 외에 이처럼 여성의 존엄을 크게 찬미한 문헌은 없었다고 생각합니다.

저는 '여성의 존엄' 에서 드러난 여성에 대한 교황님의 견해에 동의합니다. 따라서 저는 그에 대한 몇 가지 생각을 말씀드리고, 특히 감명 깊었던 구절들을 상기해 보고 싶습니다. 그것은 우리에게 희망을 안겨 주는 새로운 시야입니다. 사회와 종교 분야에서 여성의 존엄과 특수 역할이 더욱 존중될 내일을 위해서입니다.

교황님께서는 여성이 역사를 통해 실현되어 가고 있는 하느님의 계획 안에서, 하느님께서 온 인류를 부르시는 일치 안에서, 어떤 자리를 차지하고 있는지를 깊이 이해하신 후 이를 우리에게 알려 주십니다.

따라서 모든 여성 차별을 근절시키는 근본적인 가치들을 강조하시며, 하느님의 창조 사업이 찬란하게 되살아날 수 있게 하십니다.

교황님께서는 구원의 온 역사 안에서 여성인 성모 마리아께서 차지하시는 특별한 자리에 대해 말씀하시면서, 여성을 성모님과 연관시키십니다. 그 내용은 참으로 아름답습니다.

그렇지만 마리아께서는 너무 멀리 계시는 분, 거의 도달할 수 없는 모범이 아니신가요?

물론입니다. 비록 우리가 도달해야 할 우리 '본연의 모습'이 성모 마리아라고 깨달았다 하더라도 또한 우리가 그분을 본받고, 그분의 삶을 반복하고, 그분처럼 살아야 한다고 깨달았다 하더라도, 우리는 우리와 원죄 없으신 그분 사이에 얼마나 먼 거리가 가로놓여 있는지를 잘 알고 있습니다. 그런데 교황님의 서한은 우리가 어떤 모양으로든 이 거리를 극복할 수 있도록 도와줍니다. 그 서한은 성모님을 남자와 여자의 모범으로, 특히 여자의 모범으로 제시하고 있습니다. 성모 마리아께서는 인류 위에 세우신 하느님의 계획을 충만히 실현하셨는데 여성으로서, 여성의 특수성을 지니시고 그렇게 하셨기 때문입니다. 교황님께서는 이 교서에서 모성과 동정의 가치에 대해서도 언급하십니다. 모성과 동정성에 관해 폭넓게 설명하신 후, 성모 마리아님 안에는 이 동정성과 모성이 특별한 방법으로 공존한다고 말씀하십니다. 바로 모성애가, 즉 태중에 아기를 갖

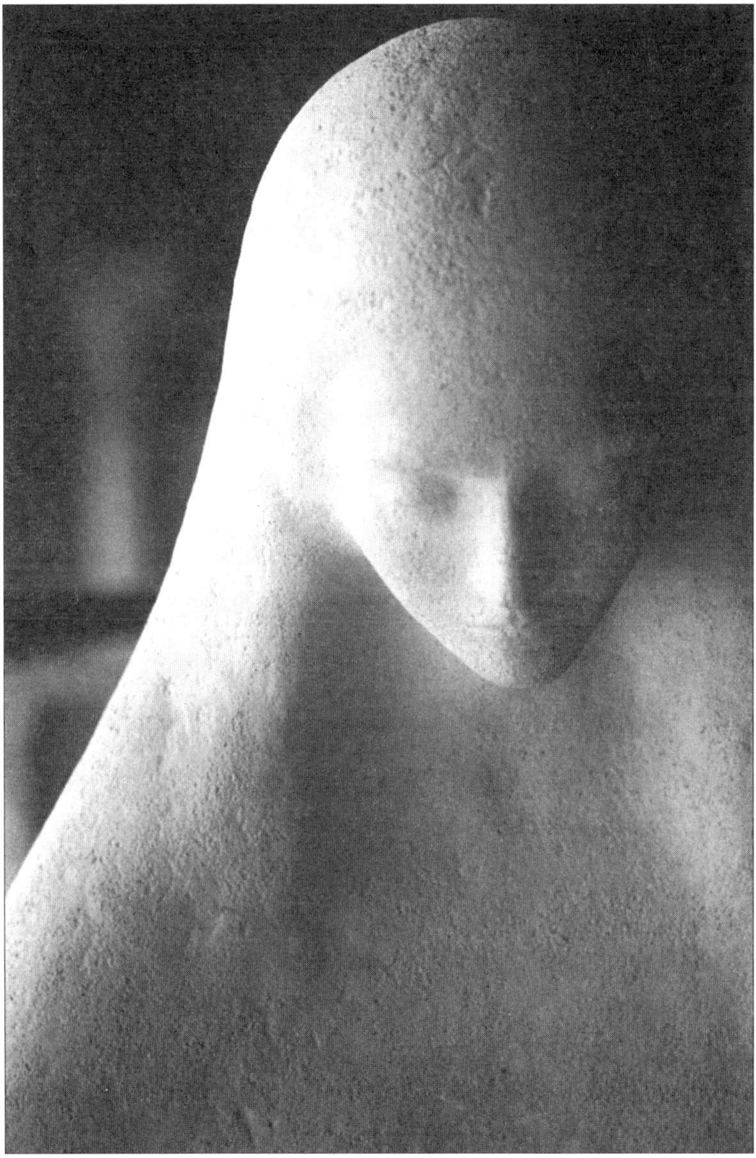

게 된다는 사실이 여성으로 하여금 상대편을 향해 나아가게 한다는 것입니다. 이런 체험을 해 보지 못한 남성의 경우에는 그렇지 못하다고 하십니다. 이 때문에 후에 생활 속에서도, 대인 관계나 사회 관계 속에서도, 여성은 다른 사람들을 구체적으로 사랑할 수 있게 된다는 것입니다. 여성은 이를 위해 하느님에 의해 창조되었다는 것입니다.

또한 그분께서는 동정에 대해서도 매우 아름다운 말씀을 하셨습니다. 동정은 단지 무언가를 포기하는 것만이 아니라고 하셨습니다. 교황님께서는 동정이 무엇인지에 대해 참으로 적절히 설명하십니다. 그것은 하느님의 나라를 위한 영혼들의 정배요 어머니가 되는 것이라고 하십니다. 그것은 무언가에 대한 "아니오"가 아니고 전적인 "네"라고 하십니다. 그것은 정배이신 하느님께 자신을 온전히 드리는 것이며 그분의 사랑에 사랑으로 답하는 것이라고 하십니다.

'여성의 존엄' 에서 당신께 특별히 감명을 준 부분이 있는지요?

네, 있습니다. 예수님께서 여인들과 맺으신 관계에 대해 언급하시는 부분입니다(제 생각에는 이 부분이 가장 아름다운 부분 중의 하나라고 여겨집니다). 예수님께서 어떻게 당시의 여인들에게로 다가가시는지, 어떻게 그들을 대하시는지, 어떻게 그들과 대화하시는지를 알아볼 수 있도록 우리의 눈을 열어 주십니다. 예수님의 태도는 참으로 우리 시대에 알맞는 것임을 깨달을 수 있게 해 주십니다. 예수님께서는 여인들에게나 죄인들에게도 무척 솔직하고 단순하게 하늘 나라의 신비와 심오한 것들에 대해 말씀해 주십니다. 그래서 사도들까지도 의아한 마음이 됩니다. 예수님의 태도는 참으로 혁신적이며 고유합니다. 예수님께서 여인을 대하시는 태도에서는 차별하는 기미를 전혀 찾아볼 수 없고 오히려 존경과 칭찬의 기미가 엿보일 뿐입니다.

성서 전체를 통해 단 한 번, 그분께서는 그저 평범한 한 여인을 아브라함의 자녀라 부르십니다. 그런데 성서에서 이 칭호는 단지 남성들에게만 주어졌던 것입니다. 그리고 많은 여인들이 예수님의 제자가 되어 그분을 따릅니다.

교황님께서는 또 이렇게 말씀하십니다. 예수님의 태도는 "여성들의 존엄을 손상시키는 모든 것에 대하여 저항하시는 것"입니다.[53]

이것은 죄인들과의 대화에서 뚜렷이 드러납니다. 간음한 여인을 용서하시는 장면에서 예수님께서는 남성의 그릇된 판단—오늘날에 와서는 이렇게들 말할 것입니다—을 공개하십니다. 그리고는 그분 안에 현존하는 진리의 힘으로써 고발자들도 죄가 있음을, 책임이 있음을 깨닫게 하십니다. 이 일화는 예수님의 교훈이 그 어느 시기를 막론하고 현실성이 있음을 보여 주고 있습니다.

이 교황님의 서한은 또한 하느님의 것들 안으로 스며들 수 있는 여인들의 능력을 힘주어 강조합니다. 여인들은 그리스도의 신비를 깊고 생생하게 이해함으로써 용감하게—남자들은 이런 용기를 보이지 못했습니다—**골고타**까지 그분을 따라갈 수 있었다고 말합니다. 성령 강림절에는 남자와 여자, 모두에게 성령께서 내려오셨음을 상기시킵니다. 이렇게 해서 예언자의 말씀이 그대로 이루어졌다고 합니다.

---

53) 《여성의 존엄》, 15항.

골고타 : 예수님께서 십자가에 못 박혀 돌아가신 곳.

"너희의 아들과 딸은 예언을 하리라."[54]

그러므로 예수님께서 여인들과 맺으셨던 모든 관계들은 남녀가 근본적으로 평등함을 말해 주고 있습니다.

포콜라레에는 여자들의 수효가 더 많습니다. 이 운동의 성격과 생활 형태가 이로 인해 어떤 영향을 받고 있습니까?

가톨릭 교회의 모든 통계가 이 같은 현상을 보여 주고 있습니다. 수도자들의 수효에서도 그렇고, 전례에 참례하는 사람들의 수에서도 그렇습니다. 그러나 날이 갈수록 그 간격이 점점 좁혀지고 있기는 합니다. 이 운동 안에서도 여성의 비율이 높긴 하지만, 그 간격은 일반 통계보다 훨씬 낮습니다.

이에 따른 영향은 극히 미미한 것에 불과합니다. 모든 회원들간에 많은 교류가 이루어지고 있기는 하지만 또한 남자 정회원과 여자 정회원들 사이에는 뚜렷한 구별이 지어져 있기 때문입니다. 이는 공동 생활에 있어서나 양성 과정에 있어서도 그렇습니다.

그러므로 남자측과 여자측에서는 그들 사이에 당연히 존재하는 차이점들을 같은 정신의 빛 아래에서 성숙시켜 가고 있습니다. 이같이 할 때 비로소 우리는 다양성을 지닌 가운데 일치를 이룰 수 있으며 함께 일치를 증거할 수 있습니다.

그러므로 여성적 특성으로 평준화되는 것이 아니고 조심스러운 균형이 이루어지게 되는 것입니다. 이 사업회의 본부에서는 같은 지도 체계를 가지고 균형을 이루어 갑니다. 이 사업회의 본부에는

---

54) 요엘 3 : 1, 사도행전 2 : 17 참조.

중앙 평의회가 있는데, 이 기구에는 여성이 우세하지 않습니다. 왜냐하면 거기에는 남자측 대표와 여자측 대표들의 수가 똑같기 때문입니다.

그 이후에는?

당신에게서는 전혀 나이를 느낄 수 없지만, 그래도 당신이 후계자나 혹은 대리자를 생각하고 있지는 않으신지 묻게 되는군요. 이 운동은 구심점에로 집중된 조직체라 여겨지기 때문입니다. 그리고 끼아라 루빅이 그 중심 조직의 영혼이며 원동력이시니까요.

교회는 2천 년간의 체험을 쌓아 오는 동안 늘 하느님의 사업에 대해서는 그 미래도 생각하곤 했습니다. 이를 위해 일반적으로 그 카리스마를 반영하는 회칙을 검토하고 승인하며, 이로써 그 특은의 정통성과 영구성을 보장해 줍니다. 저는 이 같은 회칙을 수정 보완하고 교황청으로부터 인준을 받기까지 최근 몇 달 동안 시간의 대부분을 이에 할애했습니다. 저는 단지 이 회칙의 전제만 말씀드리겠습니다. 이는 모든 법적 규범에 앞서는 필수 조항입니다.

"서로간의 계속적인 사랑은 일치를 가능케 하며, 사람들 사이에 예수님의 현존을 가져온다. 마리아 사업회의 회원들은 언제 어디서나 서로간의 사랑을 기초로 생활해야 한다. 그것은 규범 중의 규범이며, 모든 규칙들의 전제이다."

우리는 무엇보다도 이 규범에 이 사업회의 미래를 맡깁니다. 오로지 이 규범에 따라 세대 교체가 이루어지기를 바랍니다. 우리는 항상 우리 가운데 계시는 예수님께서 이 운동을 이끌어 가시기를 바랍니다.

제 뒤를 이어 회장이 될 사람에 대해서는 이제서야 생각하기 시작했습니다. 그러나 이 특정 사항에 대해서도 저는 이 운동을 이끌고 있는 사람들 가운데 현존하시는 예수님의 동의를 얻고 싶습니다.

당신의 일생을 결산하시면서 한 말씀해 주십시오.

어느 날 누군가가 제게 말했습니다.

"끼아라, 당신은 어떻게 그 많은 사람들의 뒤를 다 좇을 수 있지요?"

저는 이렇게 답했습니다.

"저는 사람들을 보살피려 그들의 뒤를 좇는 것이 아니라 하느님의 뒤를 따르려고 합니다."

실로 저는 일생 동안 하느님의 뒤를 따랐다고 말할 수 있을 것 같습니다. 물론 실수도 하고 연약함을 드러내기도 하지만, 항상 다시 시작하면서 잘못된 것들을 모두 하느님의 자비에 거듭 맡겨 드리면서 하느님을 따르기 위한 긴장의 연속이었습니다. 그러나 저는 공동체로부터, 우리 가운데 현존하시는 예수님으로부터 많은 도움을 받았습니다. 그분께서 언제나 우리의 길잡이가 되시어 우리가 빗나갈 때마다 다시 바른길로 들어서게 해 주셨습니다.

제가 어떻게 저의 일생을 결산해야 할지요? 끝에 가서 예수님께서 저에게 말씀해 주실 거라고 생각합니다. 저에 대해 기뻐하실지요? 그분을 대표하는 교회가 이 운동을 인준했으니 저는 예수님께서 기뻐하시기를 기대하고 싶습니다. 그러나 비록 아니라 하더라도, 그분께서 기뻐하지 않으시거나 제게 뭐라 하시든, 저는 괜찮습니다. 저는 그분께 대한 크나큰 감사의 정만을 마음 깊이 간직하고 있을 뿐입니다.

제10부

끼아라의 친구들

이제 이 운동이 싹트기 시작할 때부터 끼아라의 모험에 동참했던 트렌토의 처녀들과, 그 후에 끼아라를 따르게 된 포콜라리노 몇 명의 이야기를 들어 보자. 무엇이 그들의 마음을 끌었으며 어떤 경험을 했고, 어떤 영신적 변화를 가져왔을까?

나탈리아 달라피콜라(Natalia Dallapiccola)는 끼아라의 첫 친구이다. 일찍이 트렌토를 떠나 로마로 갔으며 그곳 포콜라레 본부에 머물렀다. 1959년, 서베를린에 포콜라레를 여는 데 결정적 역할을 했는데 이 포콜라레는 구 동독의 가톨릭 신자들과 접촉할 과제를 지니고 있었다. 또한 그는 분단 후, 1962년 초에 철의 장막 너머인 구 동독 라이프치히에 여자 포콜라레를 열었다. 15년간 그곳에 머물면서 폴란드, 구 체코슬로바키아, 헝가리, 리투아니아와 첫 접촉을 가지기 시작했고, 그 사회주의 국가들 안에 이 운동의 공동체들을 탄생시켰다. 1976년부터 사업회의 총본부에서 사업회 회원들의 영성 교

육 부문과 종교간 대화 부문의 공동 책임자로 있다.

저는 전쟁이 한창이던 1943년에 끼아라를 만났습니다. 그때 저는 15살이었고 트렌토에서 살고 있었습니다. 트렌토 산중의 외진 마을인 포르나체에서 태어났으며 전통적인 그리스도교 가정에서 평화로운 어린 시절을 보냈습니다. 우리는 기도를 많이 했습니다. 후에 온 가족이 트렌토로 이사한 다음부터는 일에 짓눌리게 되었지만요.

저는 16살 때까지만 해도 세상에 존재하는 것들 중 가장 아름다운 것은 사랑이며, 이것이 없이는 살 수 없다는 확신을 가지고 있었습니다. 큰 사랑을 기초로 하여 이루어지는 생활이 아니라면 인생은 아무런 가치가 없는 것이라고 생각했습니다.

그때까지만 해도 저는 큰 문제가 없었습니다. 그러나 얼마 안 가서 여러 가지 상황들로 인해 삶이 매우 어둡고 힘겨운 것이라는 것을 알게 되었습니다. 아버지께서 아직 젊은 나이에 세상을 떠나셨고 전쟁이 일어났기 때문입니다. 저는 공부를 하면서 가족을 돕기 위해 일을 해야 했기 때문에 저의 계획이나 꿈 등을 잃어야 했습니다. 전에는 아름답게 여겨지던 음악이나 자연, 친구 등 모든 것이 서서히 그 가치를 잃게 되었고, 저는 깊은 어둠에 빠져 마침내는 이 땅 위에 사랑은 존재하지 않는다는 결론을 내리기에 이르렀습니다.

제가 우울해 하는 것을 보시고 엄마는 걱정을 하셨어요. 저는 엄마의 권유로 자주 트렌토 교외에 있는 한 성모님 성지에 가서 기도를 드리곤 했지요. 그러나 하느님께 무언가 특별한 것을 청하지는 않았어요. 그저 기도를 했을 뿐입니다. 점차 영혼 깊은 곳에서 한 가지 확신이 피어오르기 시작했습니다.

'조금만 더 기다려라. 반드시 길이 열릴 것이다.'

어느 날 고해 성사를 보았는데 신부님께서 그 다음 주일에 있을 어떤 모임에 나오라고 초청을 하셨습니다. 그래서 저는 그 모임이 열리는 성당에 갔는데 잠시 후 한 젊은 처녀가 들어왔습니다. 그가 누구인지는 몰랐지만 깊은 묵상에 잠기는 것을 본 저는 생각했습니다.

'저 처녀는 마음속에 무엇을 간직하고 있을까?'

강당에 들어갔을 때 신부님께서 짤막한 소개를 하신 다음 바로 그 젊은 처녀에게 이야기를 하라고 하셨습니다. 저는 놀랍기도 했지만 기뻤습니다. 그가 이야기한 내용을 그대로 반복할 수는 없습니다. 벌써 여러 해가 지났으니까요. 그러나 그의 말은 첫마디부터 저를 감동시켰습니다.

대충 이런 말을 했던 것 같습니다. "이 땅 위에는 아름다운 것들이 많이 있습니다. 꽃, 별, 아기··· 그러나 모든 것 중에서 가장 아름다운 것은 사랑이에요."

그리고는 엄마의 사랑, 부모에 대한 자녀들의 사랑, 부부간의 사랑 등에 대해 이야기했습니다.

"그러나 사랑이 이 땅에서 가장 아름다운 것이라면, 그 사랑을 만드신 하느님께서는 과연 어떤 분이실까요?"

끼아라가 이야기를 하면 할수록 저는 점점 더 깊이 감동되었습니다. 저를 높이 높이 하느님께로 데려가 주는 듯했습니다. 저는 기뻤던 일, 슬펐던 일 등 저의 모든 과거가 하느님 사랑의 금줄로 이어져 있음을 보았습니다. 영혼 속에서는 하느님께서 저를 무한히 사랑하신다는 확신이 솟았습니다. 저는 마치 여왕이라도 된 듯 기쁨에 가득 차 집으로 돌아왔습니다. 이제는 모든 것이 의미를 지니게 되었습니다. 하느님의 끝없고 개인적인 사랑이 저의 생활을 완전히 변화시켰던 것입니다.

도리아나 잠보니(Doriana Zamboni)는 1926년에 태어났으며 일찍부터 이탈리아의 여러 포콜라레에서 책임자로 일했다. 1958년부터는 파리에 포콜라레를 열었으며, 거기에 머물면서 영국 · 에스파냐 · 스위스 지역도 보살피고 지원했다. 1965년부터는 영국 포콜라레 책임자가 되었으며, 거기서 교회 일치 운동을 위해 중요한 역할을 담당했다. 1972년 벨기에에 머물면서 그 지역 공동체뿐만이 아니라, 네덜란드 · 스웨덴 · 영국 지역도 보살폈다. 1976년부터는 이 운동의 총본부에서 여자 솔선자들을 책임지고 있으며 '새인류 운동'의 공동 책임자로 일하고 있다.

저는 17살 때 꿈과 환상과 공상에 잠겨 살아가곤 했으나 시간이 갈수록 이들은 모두 실망으로 변하곤 했습니다. 사랑, 인간들 사이의 참된 관계, 모든 것을 주고 충분히 보상받는 그런 인간 관계를 꿈꾸고 갈망하며 기다렸지만 그것들을 찾지 못했습니다.

그러던 중 저는 끼아라 루빅을 만났습니다. 학교 선생님께서 틀림없이 마음에 들 테니까 그를 한번 만나 보라고 하셨기 때문입니다. 선생님의 말씀이 믿어지지는 않았지만 저는 그를 찾아갔습니다. 그런데 그를 만났을 때 저는 마치 찬란한 빛을 받은 것 같았습니다. 그는 아무런 충고도, 질문도, 칭찬도 하지 않고, 단지 자신이 깨달은 기쁜 사실들을 알려줄 뿐이었습니다. 그의 내면에서 이미 생활화되어 있던 그 깨달음은 '하느님께서는 사랑이시다'는 것이었습니다.

어쩌면 믿어지지 않을지도 모르겠지만 끼아라의 이 신념은 순식간에 저의 신념으로 변했습니다. 즉시 아무런 의문이나 장애도 없이, 사랑에 대한 그의 믿음이 완전히 제 것으로 되는 듯했습니다. 저는 너무도 기뻐서 더 이상 아무것도 바랄 것이 없는 마음이었습니다. 이 새로운 믿음은 저를 끼아라와 강하게 연결시켜 주었습니다. 저의 눈과 마음을 열어준 사람이었기 때문입니다.

끼아라는 저와 함께 공부할 수 있다고 말했습니다. 저에게 공부를 가르쳐 주어 2년 과정을 1년에 마치고 고등학교를 졸업한 다음, 함께 대학 과정을 밟을 수 있도록 하자고 제의했습니다. 관심이 없어서 공부라고는 거의 해본 일이 없던 저였으니 이것은 불가능한 일이었습니다. 그러나 저는 이미 불가능한 것이 너무도 자연스럽게 가능해지는 그런 세계에 들어와 있었기 때문에 이 제안을 용감하게 받아들였습니다.

사람들은 제가 볏짚에 붙은 불과 같은 아이라고, 그러므로 이번에도 아마 그럴 것이라고 끼아라에게 말했습니다. 그러나 끼아라는 제가 아니라 제 안에 계시는 예수님을 믿는다고 말해 주었습니다.

그가 저에게 "나더러 '주님 주님' 하고 부른다고 다 하늘 나라에 들어갈 수 있는 것이 아니라 하늘에 계신 내 아버지의 뜻을 실천하는 사람이라야 들어갈 수 있다"라는 복음 말씀을 설명해 주었을 때, 저는 하느님의 뜻을 분명히 알아들었습니다. 그것은 공부를 하는 것이었습니다. 그리고 저와 저의 '새 선생님' 과의 사이에는 하느님의 사랑이 있었기 때문에 공부를 하는 데 있어서도 날아갈 듯 힘이 솟음을 느꼈습니다. 저는 열심히 공부를 했고 학년말 시험 때에는 만점을 받았습니다.

그 후 전쟁이 끝나면서 우리의 계획도 바뀌었지만 우리가 발견한 가득한 기쁨을 많은 사람들에게 알려 주는 것 이외의 다른 일은 생각조차 할 수 없었습니다. 뿐만 아니라 하느님께서는 모든 것을 버리고 장차 포콜라레라고 불리게 될 그 공동체 안으로 들어가 함께 생활하라고 저를 강하게 부르셨습니다.

저는 이탈리아와 외국에 오래 머물면서 말도 다르고 문화와 종교도 다른 나라를 여행하면서, 언제나 하느님의 선물인 이 정신은 모든 민족과 모든 사람을 위한 것임을 확인할 수 있었습니다. 그것은 마치 헛된 것들을 불사르고 거룩한 현실들을 건설하는 불길과도 같은 것입니다. 그것은 너무도 참된 것이어서 언제 어디서나 일상 생활에 옮길 수 있습니다. 그것은 고루한 사고 방식에 대항하는 혁신적인 사상을 담아 놓은 도가니와도 같은 것입니다. 언제나 주위를 변화시키는 새로운 자극제입니다.

실바나 베로네시(Silvana Veronesi)는 1929년 트렌토에서 태어났다. 1949년, 그는 대학생의 신분으로 피렌체에 포콜라레 공동체를 탄생시켰다. 그 후 토리노, 밀라노, 로마, 시칠리아, 사르데냐에 포콜라레 책임자로 있었다. 1960년에는 미국으로 건너가 이 운동을 시작했으며 1961년부터는 이 운동의 회원 양성을 위한 국제 학교의 책임자로 일하기 시작했다. 이 학교는 로마 교외의 그로타페라타에서 시작되어 로피아노로 이전되었는데, 여기서 그는 로피아노를 하나의 소도시로 발전시키는 데 기여했다. 1966년부터는 사업회 총본부에서 전세계의 포콜라리나들의 책임자로 일했으며, 1972년에는 제2세대인 '젠'을 양성하는 일을 담당했다. 현재 그는 사업회 총본부에서 포콜라리나 부문의 책임자로 일하고 있다.

하얀 양말, 어깨 너머로 길게 땋아 내린 머리, 어깨에 멘 책가방. 15살의 나이에 저는 사람들의 인생이 어쩌면 그렇게 '나뭇잎처럼' 자취를 감추어 버릴 수 있는지 궁금해 하면서 사라지지 않는 그 무언가를 찾고 있었습니다. 역사책에 등장하는 사람들처럼 저도 그렇게 위대한 일을 함으로써 영원히 남고 싶었기 때문입니다.

그때 저는 학교 선생님으로부터 한 처녀를 소개받았는데, 선생님께서는 그 처녀가 제게 예수님에 대해 알려줄 것이라고 하셨습니다. 사실 저는 학교에서 종교를 공부하고 매주 미사에 참례하고 있긴 했지만 예수님에 대해서는 아는 바가 없노라고 선생님께 말씀드린 일이 있었습니다.

끼아라는 저를 맞으면서 **'실바넬라'** 라고 다정하게 불러 주었습니다. 저는 마치 우리 집에 있는 것처럼 편안해졌습니다. 우리는 작은 소파에 앉았습니다. 제가 들고 있던 책들을 바닥에 내려놓자 그는 자신에 대해, 그의 친구들에 대해 이야기해 주었습니다. 그들은 매우 아름다운 모험을 하고 있는 중이었습니다.

그는 우리 주변의 모든 것이 사라져 간다고 말했는데 그것은 분명한 사실이었습니다.

만일 우리가 3개나 혹은 4개의 인생을 가지고 있다면 그것들을 여러 가지 방법으로 살아볼 수 있겠지만, 우리의 손 안에는 단 하나의 인생이 있을 뿐이라고 했습니다. 그러므로 무언가 영원한 것, 평생을 다 바칠 수 있을 만큼 가치가 있는 것을 위해 살아가야 한다고 했습니다.

그는 "그런데 영원히 사라지지 않는 것은 오로지 하느님 한 분뿐이시라는 사실을 우리는 깨달았어요. 그래서 우리는 그분을 우리 일생의 이상으로 선택했어요"라고 말을 맺었습니다.

끼아라의 말은 의문 속에 싸여 있던 저를 이해해 주는 것 같았습니다.

실바넬라 : '귀여운 실바나' 라는 뜻임.

그리고 그 말 속에는 저를 위한 답도 들어 있었습니다. 잠깐 사이에 일어난 일이지만, 저는 마음속으로 하느님을 제 일생의 이상으로 선택하기로 했습니다. 밖으로 나왔을 때 저는 가슴이 터질 듯이 기뻤습니다. 끼아라의 이상은 곧 저의 이상이 되었습니다. 저는 이 이상을 위해 살아가고자 했습니다. 그 순간부터 저는 끼아라와 밀접하게 연결되어 있으면서도 항상 커다란 자유를 느꼈습니다. 우리는 함께 **다른 분**께 순종하는 것이었습니다. 그분께서는 차츰 차츰 그분의 계획을 끼아라에게 내보여 주셨고, 끼아라는 그것을 우리에게 그대로 전해 주었습니다. 이 때문에 그 모든 것은 또한 우리의 것이 되었습니다.

그라치엘라 데 루카(Graziella De Luca)는 1925년 트렌토에서 태어났다. 이탈리아에서 시작해서 베네룩스 3국, 영국, 프랑스, 에스파냐, 미국 등지에 포콜라레 운동의 본부를 세우고 강화시키기 위해 일했다. 그는《치타 누오바》지 발행을 위해 일했으며, 그로타페라타에서는 이 정기 간행물의 외국판 발행의 첫 책임자가 되었다. 1969년부터 1977년까지 '젠 운동'과 '새인류 운동'의 공동 책임자로 일했다. 1972년부터 1990년까지는 공동 생활을 하는 포콜라리나들과 기혼 포콜라리나 부문의 책임자로 일했다. 현재는 총본부에서 증거와 전파 부문의 공동 책임자로 있다.

저는 트렌토에서 태어났으며 우리 집은 부유한 편이었습니다. 열렬한 마르크스주의자요, 신지학을 지지하던 아버지는 다양한 재능의 소지자이셨습니다. 유능한 저술가이며 화가이기도 했습니다. 가톨릭 신자였던 어머니는 조용한 성격의 활동가이셨습니다.

형제가 셋이었는데 제가 태어난 지 22일 만에 우리는 메시나로 이사했습니다. 3살 때 일어난 일이 어제 일처럼 생생히 기억됩니다. 할머니께서 저를 부르시더니 낡은 책들 틈에서, 그리스도의 얼굴이 겉표지에 천연색으로 그려져 있는 책 한 권을 꺼내 주셨습니다.

그것은 복음이었습니다. 저는 그 책이 저와 관련이 있는 그 누군가에 대한 것이라고 느꼈습니다.

어머니는 우리가 신앙을 가지고 종교 예절에 충실히 참여할 것을 원하셨고, 아버지는 어머니의 이 같은 의견을 존중해 주셨습니다. 그렇지만 저는 항상 종교적인 냄새가 나는 것들은 모두 정중히 거부하곤 했다는 것을 솔직히 고백해야 할 것 같습니다.

음악 · 시 · 춤 · 운동 · 연극 · 영화… 이런 것들이 제 열정의 대상이었습니다. 저는 농구 선수였고, 영화 부문에서는 오디션을 거쳐 한 영화의 주인공으로 발탁되기도 했습니다. 그러나 예술에 대해 지니고 있던 저의 견해가 그 주위 환경과 다른 것 같아 이 제안을 받아들이지는 않았습니다. 학교에서는 모든 과목을 다 좋아했습니다. 원하기만 하면 무엇이든 쉽게 해낼 수 있었으므로 얼마 안 가 제게는 새로운 것이 더 이상 없는 듯했습니다.

12살 때, 저보다 10살 위인 한 청년을 사랑하게 되었는데, 그것은 **플라토닉 러브**였습니다. 같은 나이에 저는 습관에 의해서가 아니고 내적인 깊은 충동에 의해 고해 성사를 받고 싶다는 생각을 했습니다. 신부님께서는 몇 가지 질문을 한 후 제게 영신 지도 신부가 있으면 좋겠다고 말씀하셨습니다.

'무슨 신부라고?'

저는 마음속으로 반문했습니다. 신부님의 말씀이 그다지 마음에

플라토닉 러브 : 관능적 · 육체적 사랑이 아닌 순수한 정신적 사랑을 말함.

내키는 것은 아니었지만 고해소를 나오면서 저는 마음속에 한 가닥의 빛이 스며 들어왔음을 느꼈습니다. 사제란 영혼과 하느님을 연결시키는 다리와 같은 분이라는 사실을 깨달았던 것입니다.

제가 17살이었을 때 전쟁이 일어났습니다. 어느 날 산책을 하고 있었는데 인생의 의미와 그 종말에 대한 의문들이 꼬리를 물고 일어났습니다. 답을 찾을 수 없었기에 제 마음은 슬픔에 잠겼습니다. 그때 길가에 있는 프란치스코 성인 동상이 눈에 들어왔습니다. 저는 걸음을 멈추고 그 동상을 바라보면서 기도를 했습니다.

'하느님께서 존재하신다면, 그리고 당신이 진정 성인이시라면, 저의 의문에 답을 찾아 주세요. 제가 찾고 있는 이 모든 것이란 도대체 무엇입니까? 왜 저는 그것을 찾지 못해 이토록 괴로운 것입니까?'

전쟁은 사람들과 사물들을 파괴했습니다. 메시나는 바닥이 드러날 정도가 되었으므로 우리는 트렌토로 돌아왔습니다. 거기서도 저는 여러 가지 방법으로 저의 의문에 대한 답을 찾았습니다. 하루는 혼자서 산책을 나갔다가 가난한 사람을 만나게 되어 구걸하는 그에게 가방 속에 있던 도시락을 꺼내 주었습니다. 그는 고마워하면서 제 손을 잡고 입을 맞추었습니다.

'뭐, 그럴 필요까진 없는 일인데—저는 생각했습니다—마땅히 해야 할 일을 했을 뿐인걸!'

그런데 마음속에서 한 번도 경험해 보지 못했던 신선한 기쁨, 매우 아름다운 기쁨이 솟았습니다. 그리고 마음 깊은 곳으로부터 음성이 들려 오는 듯했습니다.

'너는 바뀌어야 한다. 네 삶의 방향을 바꾸어야 한다. 생활을 바꾸어야 한다.'

그러나 어떻게 바꾸어야 하는 것인지 정말 알 수 없었습니다.

1943년 9월 2일. 트렌토에 무시무시한 첫 폭격이 있었습니다.

세 차례나 계속해서 폭탄이 떨어지는 동안 저는 땅에 엎드려 공포에 싸인 채 손끝으로 바닥을 거머쥐며 제 일생을 순식간에 되돌아보게 되었습니다. 하느님께서 존재하신다는 것은 알고 있었으나 그분께서는 아직 제 삶 속으로 들어오시지 않은 채로였습니다.

제 삶은 텅 비어 있었습니다. 저는 있는 힘을 다해 누가 듣든 말든 아랑곳없이 소리쳤습니다.

"하느님! 하느님! 저를 살려 주세요. 이제 비로소 저는 삶의 의미를 깨달았습니다."

3명의 군인이 다가와 우리를 다른 곳으로 피하게 했습니다. 가까운 곳에 몇 개의 폭탄이 떨어졌는데 그 중 하나가 터졌지만 아무도 다치지 않았고 나머지 것들은 언제 폭파할지 모른다는 것이었습니다. 저는 등이 오싹해짐을 느꼈습니다. 하느님께서 개입해 주셨음을 손으로 만지듯 체험하는 순간이었습니다.

며칠 후 직장 동료 하나가 제게 다가와 어떤 모임에 같이 가지 않겠느냐고 물었습니다.

"종교적인 모임이겠지요?" 하고 제가 되물었습니다.

"아니, 아니에요!" 그가 답했습니다.

그 '아니오'는 분명 '그래요'를 뜻했지만 저는 그를 놀려줄 속셈으로 가겠다고 말했습니다. 그러나 속으로는 '최신 유행으로 멋을 한껏 내고 가야지… 그래도 날 받아 주는지 보자' 하고 생각했지요.

강당은 천장이 낮고 어두웠습니다. 그런데 강당 한구석에서 제가 무엇을 보았는지 아세요? 성 프란치스코의 동상이 저를 환영이라도 하는 듯 서 있는 것이 아니겠어요?

'오늘 내게 답을 주시려나?' 생각하고 있는데 몇몇 처녀들이 저에게로 다가왔습니다. 끼아라, 나탈리아, 도리였는데 마치 전부터 저를 알고 있는 듯한 태도들이었습니다. 이상한 것이 그들도 유행에 맞는 옷차림을 하고 있었습니다. 끼아라는 성 프란치스코와 성녀 가타리나가 가난한 사람들을 어떻게 사랑했는지에 대해 이야기했는데 그것은 영혼 깊은 곳에서 솟아나는 열정이었습니다. 온통 불 같았습니다.

그 다음 일어난 일에 대해서는 묘사하기가 어렵지만 그 모든 것은 마치 어제 일어났던 일처럼 제 안에 생생히 살아 있습니다. 저는 영혼의 눈으로 크나큰 빛을 보는 것 같았고 그 빛은 하느님, 무한한 사랑이신 하느님이시라는 것을 알아들을 수 있었습니다.

그 빛이, 그 사랑이 제 영혼을 완전히 채워 주는 것이었습니다. 더 이상 제 마음에서 빈 곳을 찾아볼 수가 없게 되었습니다.

저는 찾았던 것입니다! 저는 그분의 사랑에 제 생명 다해 "네" 라고 답해야 함을 느꼈습니다. 사랑에 응답하는 사랑이 되어야 함을 느꼈습니다. 하느님께서는 제게 너무도 강한 충격을 주셨기에, 그 빛이 너무도 눈부셨기에, 저는 빛이신 그분께 완전히 항복하지 않을 수 없었습니다. 하느님께서 99%를 해 주셨으므로 저는 1%만 하면 되는 것이었습니다. 저는 성덕에 이르기까지 그분을 따라야 함을 알았습니다. 그것은 너무도 벅찬 일이었으나 너무도 당연한 일이었습니다. 제가 "네" 라고 답하지 않는다면 하느님께서 다시는 저를 부르지 않으시리라는 느낌이 들었습니다. 그리하여 강한 여인이 되기 위해 한 번도 울어본 일이 없었던 저는 제 몸 속의 모든 눈물을 전부 쏟아 놓았습니다.

저는 강한 충동을 받아 끼아라에게 지갑에 있는 돈을 모두 꺼내 주었습니다. 그리고는 "끼아라는 영신 지도 신부님이 있나요? 그분께 총고해를 해야겠어요" 하고 말했습니다.

그 순간 저는 어떻게 하느님께서 저를 거기까지 인도해 주셨는지, 어떻게 그분을 만날 수 있게 해 주셨는지를 이해할 수 있었습니다. 그 순간부터 비로소 저의 삶이 시작되었다고, 저의 아름다운 이야기가 시작되었다고 말씀드릴 수 있습니다.

줄리아 폴로나리(Giulia Folonari)는 폴로나리 포도주 기업주의 8남매 중 하나로 태어났다. 그와 함께 두 자매와 남동생 한 명이 포콜라리노가 되었다.

우리 형제들 가운데에서 맏딸인 저와 빈첸시오, 가밀라, 브루나 이렇게 넷이서 끼아라를 따랐습니다. 저는 24살 때에 브레시아에서 첫 포콜라리나 중의 한 사람인 발레리아를 통해 이 운동을 알게 되었습니다. 그로부터 몇 달 뒤인 1951년 여름, 우리 형제 중 3명은 카스트로차에 있는 산마르티노 산에서 휴가를 보내고 있었습니다. 나머지 다섯 형제들은 아직 공부에 열중해야 했기 때문에 부모님과 함께 집에 남아 있었습니다. 산마르티노 근처에 있는 프리미에로의 토나디코에는 몇몇 포콜라리노들이 와서 돌로미티 산기슭에 머물고 있었기에 우리는 거기로 가서 그들을 만났습니다. 그 만남은 우리 모두를 감동시켰지만 특히 21살 된 빈첸시오에게 있어 더욱 그러했습니다.

우리는 집에서 그리스도교 교육을 받았지만 누구보다도 빈첸시오가 더욱 강하게 영신적인 것들을 추구했습니다. 그러나 사제가 될 생각은 없었습니다.

"날보고 사제가 되라고요? 그 긴 검은 옷을 입으라고요? 저한텐 어울리지 않아요"라고 그는 말하곤 했습니다. 그런데 그날 포콜라리노들을 만나고 돌아와서 그는 말했습니다.

"내 길을 찾았어!"

브레시아에서 저는 엔리코 로셀리 경의 저택을 방문하곤 했는데 그분께서는 로마에 자주 가시곤 했습니다. 제가 막 상경대학을 졸업했을 때 로셀리 씨가 말했습니다. "여기 브레시아에서 무얼 하고 있니? 졸업도 했고 그렇다고 넌 돈을 벌어야 하는 것도 아닌데. 이 세상에는 끼아라 같은 사람도 있단다. 지금 로마에 체류 중인데 그리로 가지 않겠니?"

저는 즉시 같이 가기로 결심했습니다. 그러나 부모님께 말씀드려야 했습니다. 저는 용기를 내서 "로마로 가고 싶어요. 복음을 실천하는 사람들을 알게 되었어요" 하고 말씀드렸지요.

어머니께서는 구태여 로마까지 가지 않고서도 복음을 실천할 수 있지 않느냐고 하시면서 반대하셨습니다. 그러나 아버지께서 저를 도와주셨습니다. "마침 정부 청사에 제출할 서류가 있는데 네가 직접 가지고 가면 더 빨리 처리될 수 있겠구나" 하시면서 저에게 한 뭉치의 서류를 건네주셨습니다.

마치 하느님께서 저에게 용기를 북돋아 주시는 것 같았습니다. 저는 그 서류를 가지고 이튿날 아침 길을 떠났습니다.

제가 포콜라레에 도착한 날은 1951년 9월 12일이었습니다. 그리고 그 생활은 바로 저를 위한 것이라고 느꼈습니다. 곧 저는 상업학교 교사로 일하게 되었고 성탄 때가 되자 집에 가지 않을 것이라는 편지를 띄웠습니다. 즉시 아버지께서 답장을 보내셨습니다.

"우리는 네가 너의 삶을 찾고 있음을 이해한다. 그곳에 남아 있으려무나. 그러나 돌아오고 싶으면 언제든지 돌아오너라. 이곳은 언제나 변함없는 너의 집이란다."

빈첸시오도 그 해에 로마로 왔습니다. 대학에서 화학을 전공하기 위해서였지만 무엇보다도 이 운동 본부와 가까이 있고 싶었기 때문입니다. 그는 1953년에 포콜라레에 들어갔으며, 가밀라와 브루나는 그보다 몇 년 후에 들어갔습니다.

아버지께서 세상을 떠나시자 가족들의 경제에 세심한 주의를 기울이고 계시던 어머니께서는 모두의 동의를 얻어 집에 남아 있는 형제들에게 회사를 맡기시고, 포콜라레에 들어온 우리들과 결혼한 한 여동생에게는 나머지 재산을 고루 분배해 주셨습니다. 피렌체에서 약 20킬로미터 떨어진 곳(지금의 로피아노)에 있는 넓은 땅이 빈첸시오의 몫으로 돌아갔습니다.

빈첸시오는 그 땅을 사업회를 위해 내어놓았는데 그때는 마침 끼아라가 마음속에 우리의 공동 영성을 생활하는 모든 성소에 속한 사람들을 수용할 수 있는 땅이 필요하다는 것을 느끼고 있던 때였습니다. 즉 이 정신을 실현시킬 수 있는 하나의 소도시가 필요하다는 생각이 무르익어 가고 있던 때였습니다. 그곳에 가보니 소도시로 성장하기에 매우 적합한 곳이었으므로 이 땅을 활용하기로 결정했습니다. 이곳에서 처음으로 영속하는 마리아폴리가 서서히 태어나게 되었습니다.

로피아노 소도시에는 현재 약 5백여 명의 시민이 거주하고 있습니다. 다른 대륙에서 온 젊은이들이 많은데 그들은 2년간 공부와 노동에 열중하면서 이곳에 머뭅니다.

어린이들이나 가정을 가진 사람들은 그보다 짧은 기간 동안을 머뭅니다. 로피아노는 복음을 실천하기로 결심한 사람들이 공동 생활을 증거하는 곳입니다.

빈첸시오는 어느 일요일에 브라치아노 호수에서 수영을 하던 중 갑작스러운 죽음을 맞았습니다. 아침에 공동체 모임에 참가한 후 미사를 마치고 나왔을 때, 그의 얼굴은 유난히 빛났습니다. 누군가가 그에게 다른 도시에서 온 소년인 가브리엘을 데리고 드라이브를 하고 왔으면 좋겠다고 말했습니다. 그는 호수를 향해 달렸습니다. 늦은 오후에 보트 한 척을 빌렸습니다. 빈첸시오가 물 속으로 뛰어들었고, 겨우 이렇게 외칠 시간밖에 없었습니다.

"물이 왜 이렇게 차지?…" 그리고는 가브리엘에게 "육지 쪽으로 돌아가서 도와 달라고 소리쳐…."

그리고는 후에 가브리엘이 기억해 냈듯이 '활짝 미소를 지으며' 물속으로 사라져 버렸습니다. 그의 나이 33살이었습니다.

우리는 빈첸시오가 우리와 함께 있음을 느낍니다. 그 무언가가 우리를 깊이 연결시켜 주고 있습니다. 우리는 이것이 사실임을 여러 차례의 경험을 통해 확인할 수 있었습니다.

저는 오랜 세월 끼아라의 비서로 일하고 있습니다. 가밀라는 3젠 운동의 소녀측 책임자이며, 브루나는 로카 디 파파에 있는 총본부의 관리부에서 일하고 있습니다. 아버지께서는 세상을 떠나시기 전에 저를 강복해 주셨습니다. 저는 그분 곁에 머물면서 제가 왜 아버지를 떠났었는지를 설명해 드릴 수 있었습니다. 제가 이 길을 선택했을 때, "도대체 그것이 무얼 하는 운동이란 말이냐?" 하고 불안한 어조로 묻곤 하시던 어머니께서는 그 후 끼아라를 알게 되셨고 우리 운동의 회원이 되셨습니다.

엔조 마리아 폰디(Enzo Maria Fondi)는 1927년에 태어났으며 의과대학을 졸업했다. 1950년 23살이 되던 해, 로마에 열린 첫 포콜라레에 들어갔다. 약 10년간 직장 생활을 했으며 그 중 2년간은 독일, 라

독일 : 동독을 일컬음.

끼아라의 첫 친구들

이프치히의 가톨릭 병원에서 외과의로 일했다. 1964년 사업회의 필요에 따라 사제 성품을 받았다. 현재 이 운동 총본부의 영성 교육 및 종교간의 대화 부문 공동 책임자이다.

고등학교를 마칠 무렵, 저는 우연히 알렉시스 카렐의 《인간이 알 수 없는 것》이라는 책을 읽고 큰 감명을 받고 장차 그 방향으로 나아가야겠다고 생각했었습니다. 건강과 질병의 상태에서 육신과 영혼이 어떻게 상호 작용하는가를 연구하는 정신 신체 의학에 매료된 것입니다.

그런데 전쟁이 일어났고 우리 가족이 살고 있던 곳에서 몇 킬로미터밖에 안 되는 안치오에 연합군이 상륙했습니다. 빗발처럼 쏟아져 내리는 폭탄들, 군인들로 꽉찬 거리들, 무너져 가는 집들, 이런

라이프치히의 가톨릭 병원 : 옛 가톨릭 신자들이 세운 병원.

처참한 상황 속으로 저는 휘말려 들었습니다.

당시 로마는 안전한 항구와도 같았기 때문에 우리 가족들은 간신히 얼마 안 되는 물건들을 건져 그리로 피난했습니다. 거기서 다시 새로운 삶이 시작되었고 저는 의과대학에 입학했습니다. 로마에 머물기 시작한 후부터 저에게 일어났던 일들 중 특기할 만한 것은 성 이냐시오 성당에서 **스칼레타**라는 이름으로 활동하고 있던 단체의 젊은이 그룹을 만난 것이었습니다. 그것은 마치 하느님의 손길인 듯했습니다.

저는 말과 행동이 철저하게 일치하는 삶을 마음 깊이 동경하고 있었습니다. 프로 치비타테 크리스티아나가 1948년 커다란 행사를 주최하면서 저에게 시에나 광장에서 연설을 해 달라는 청을 했을 때 제가 그것을 받아들였던 것은 제 마음속에 이런 열정이 있었기 때문인 것 같습니다.

아무튼 저는 무언가 진정 가치 있는 것들을 찾아 헤매고 있었으며, 마음속에는 기다림, 막연한 불만, 일종의 메마름 같은 것을 안고 있었습니다. 이 같은 영혼의 상태에서 1949년 2월, 의과대학 5학년 때, 어떤 모임에 초대를 받았습니다. 이 모임에서 끼아라를 만났는데 한 수도자의 소개를 받은 후 끼아라는 자신의 영신적 체험담과 그 주변에 태어난 첫 그룹의 체험담을 들려주었습니다.

그때 들었던 이야기를 거의 글자 그대로 외울 수 있을 것 같습니다. 그 단어들을 기억하고 있기 때문이 아니라 그것이 '이 운동의 역사' 이야기였기 때문입니다. 후에 저는 마치 제 일생의 이야기인 양 그것을 사람들에게 무수히 들려주곤 했지요. 끼아라는 자신과 친구들에게 일어났던 일들을 꾸밈없이 있는 그대로 이야기해 주었

스칼레타(La scaletta) : '작은 계단'이란 뜻으로 성모 마리아 신심 운동임.

습니다. 평범한 일들이었는데도 매우 아름답고 놀라웠습니다. 받아들일 것인가 아닌가, 결단이 필요한 이야기였습니다. 그런데 그 이야기를 받아들이고 더 깊이 알아보려면 그 경험의 산 증거인—그것은 한눈에 알아볼 수 있었습니다—그 젊은 여인을 따를 수밖에 없었습니다. 그는 자신이 말하고 있는 내용을 그대로 생활하고 있었습니다.

그 후 성년(聖年)이 시작되던 1949년 성탄 휴가 때 저는 트렌토를 방문했습니다. 이는 제게 결정적인 계기가 된 사건이었습니다. 도시는 온통 눈으로 덮여 있었는데 길에서는 미끄러지지 않도록 어떤 사람이 강하고 친절한 팔로 저를 부축해 주었고, 집에서는 사람들이 다정하게 저를 환영해 주었습니다. 저는 어느새 새로운 공동체 안에 자리하고 있었습니다. 카푸친 프란치스코 수도회 성당으로 올라가는 언덕에 있는 한 작은 집 응접실에서 끼아라와 가졌던 모임들은 저의 영혼에 불을 당겼고 지워지지 않는 흔적을 남겼습니다. 손님들과 그곳 사람들을 합해서 약 30명쯤 되었는데 그야말로 빈틈없이 꼭꼭 끼여 앉아야 했습니다. 그렇지만 어떤 신부님의 질문에 대한 끼아라의 답변은 우리로 하여금 시간과 공간을 잊게 했습니다. 우리가 알지 못하던 경지, 성삼위의 사랑의 경지로 우리를 데려갔습니다.

우리 가운데 현존하시는 하느님의 나라를, 그 빛을 관상하는 것이었습니다. 그 안에 머무는 것이었습니다.

로마로 돌아오자 다시 땅을 딛고 공부, 가족들과의 관계, 매일의 평범한 활동 등으로 이루어진 낯설게만 느껴지던 일상 생활에 익숙해지기가 퍽 힘들었습니다.

몇 달 후인 학위 수여식 전날, 저는 제게 있어 중요한 것은 이 새로운 길을 통해 예수님을 따르는 것임을 깨달았습니다. 저는 같은 방법으로, 한 지붕 밑에서 생활하도록 부름을 받은 다른 사람들과 함께 예수님을 모시고 살기 위해서라면 가정 · 친구 · 직업을 떠날 준비가 되어 있었습니다.

어느 날, 이 운동의 시급한 필요에서 밤을 새워 고리 기도를 드린 일이 있었는데, 그날 저도 집에서 이부자리를 가지고 포콜라레로 갔습니다. 그날이 바로 제 새 생활의 첫날 밤이었습니다.

학위를 받고 나서 처음 몇 달 동안 저는 포콜라레의 부엌에서 일을 시작했고 또 다른 일들도 많이 했습니다. 그러나 포콜라레는 무엇보다 일치의 학교였습니다. 하루 24시간 중 24시간 내내 우리의 공동 생활 속에 예수님께서 현존하실 수 있게 해 드리는 법을 배우는 곳이었습니다. 그리고 우리 모두를 괴롭히는 타고난 사랑의 무능력함을 극복하는 법을 배우는 곳이었습니다.

이 학교는 지금도 계속되며, 그 '시험'은 끝이 나지 않습니다. 그러나 이 세상에서의 삶의 비결은 바로 사랑 안에 있음을 저는 알게 되었습니다. 우리에 대한 하느님의 사랑, 그리고 항상 다시 시작하면서 우리가 서로 상대편에게 주려고 노력하는 그 사랑 안에 있음을 알게 되었습니다.

오레스테 바소(Oreste Basso)는 1922년 피렌체에서 출생하여 기술공학을 전공하였다. 그는 전기 기계와 기관차를 생산하는 브레다 회사의 부장으로서 여러 부서의 책임을 맡고 있었으며 동시에 밀라노 이공대학 엔진 제조학과 조교이기도 했다. 1950년 밀라노에 처음으로 이 운동이 시작되던 때부터 이에 참가했다. 1953년 파르마에 포콜라레를 열고, 1956년까지 산업계에서 자신의 전공을 살려 직장 생활을 하면서 에밀리아와 로마냐 지역에 이 운동을 전파시켰다. 그

후 직장을 그만두고 피렌체 지역의 책임자가 되었다. 1959년부터 1967년까지 이 운동의 총본부에서 포콜라리노들의 책임자로서 일했으며 그 후 다른 부서의 책임을 맡아 왔다. 끼아라와 함께 유럽의 여러 지역과 대륙들을 방문했다. 교황청 그레고리아나 대학에서 공부를 마치고 1981년 사업회에 봉사하기 위해 사제 성품을 받았다. 현재 총본부에서 자문위원을 역임하고 있다.

저는 피렌체에서 태어나 자랐고, 전쟁 직후 피사에서 공학사 학위를 취득했으며 밀라노의 세스토 산 조반니에 있는 한 회사에 다니기 시작했습니다. 저녁때가 되면 여러 젊은 전문가들과 자주 사원 기숙사 식당에 모여 앉아 기술, 과학, 음악, 문학에 대해 이야기 꽃을 피우곤 했습니다(이들은 후에 포콜라레 운동을 따르게 되었습니다). 어느 날 그들 중 한 사람이 매우 아름답고 흥미로운 일이 있으니 한번 알아보라면서 그것은 곧 복음을 실천한 이야기라고 말했습니다. 이렇게 해서 저는 지네타 칼리아리(Ginetta Calliari)를 만나게 되었는데 그는 끼아라의 첫 친구들 중의 하나였습니다. 그는 매우 단순한 사람이었지만 그의 말과 그가 소개해 주는 생활은 참으로 아름다운 것이었습니다.

그와의 만남은 충격적인 것이었습니다. 저는 복음을 재발견했던 것입니다. 열심인 신자였음에도 불구하고 저는 복음을 실천할 수 있으리라는 생각은 해본 일도 없고 믿어본 일도 없었습니다. 복음은 그저 듣기만 하면 되는 것이라고, 기껏해야 묵상할 수 있는 것이라고 생각했습니다. 그것을 매 순간, 모든 상황 속에서 생활화할 수 있으리라고는 생각하지 못했었습니다.

각자가 받은 첫인상을 이야기했을 때, 모두가 이렇게 외쳤습니다.

“그렇다면 지금 우리는 예수님이 사시던 그때와 다름없이 생활할 수 있는 것이 아닌가! 아니, 베드로·요한·안드레아처럼 우리 가운데 예수님을 모시고 살 수 있는 것이 아닌가!"라고.

아름다운 모험을 알게 되어 마음이 설레었습니다. 우리도 그 모험을 할 수 있다는 생각에 한없이 기뻤습니다.

지네타는 여러 차례 우리를 방문했습니다. 기숙사 식당에서는 그의 주변에 식탁들을 옮겨 놓고 점점 더 많은 사람들이 모여 앉았으며, 기숙사 문을 닫을 시간이 되었을 때에는 길이나 카페, 혹은 전차 속에서 이야기를 계속했습니다. 그러나 말을 하거나 해설을 하기보다는 오히려 실천하는 것이 중요함을 깨닫는 순간이었습니다. 우리는 매달 이 운동의 회원들을 위해 끼아라가 풀이해 준 복음 말씀을 실천에 옮겼습니다.

한 번은 "이 몸은 주님의 종입니다. 지금 말씀대로 제게 이루어지기를 바랍니다"(루가 1 : 38)라는 말씀을 실천하고자 했습니다. 성모 마리아처럼 사랑을 지니고 이 말씀을 생활하려 노력하다 보니 하느님의 뜻 안에는 빛나는 측면들이 많이 있음을 알게 되었습니다. 이 말씀은 복음의 다른 말씀들처럼 많은 값진 내용을 담고 있는 것이었습니다.

우리는 끼아라에게 편지를 쓰면서 이 정신을 실현할 수 있는 방법들에 대해 질문하기 시작했습니다. 그러면 끼아라는 언제나 새로운 지침이나 뚜렷한 노선을 알려 줌으로써 우리의 생활을 인도했습니다.

제게 있어 이 새로운 삶의 실습장은 직장이었습니다. 저는 공장에서 3백 명의 노동자들이 일하는 3개 부서를 책임지고 있었는데 그곳에서 노동자들과 동료들을 새로운 눈으로 바라보려 했습니다. 엔진에 실린더를 고정시키기 위해 나사못을 조이는 작업을 30년간 계속해 오고 있는 어느 노동자의 지친 얼굴에서 저는 예수님을 알아보고 사랑해야 하는 것이었습니다. 그의 기나긴 넋두리를 묵묵히 들어주면서.

또한 공산주의자로서 파르티잔 두목이었던 엄격한 상관 안에서도 저는 사람들을 가장 잘 이해하시며, 가장 훌륭한 기술자이시요 협조자이신 예수님을 알아보고 사랑해야 했습니다.

어느 날 저녁 지네타는 우리에게 십자가에 못 박히고 버림받으신 예수님에 대해 이야기해 주었습니다. 저는 아직도 우리가 모여 앉아 있던 그 방의 한구석을 또렷이 기억하고 있습니다. 그 순간은 커다란 비결을, 순수한 사랑을, 우리에게 주어진 모든 이상의 열쇠를 손에 쥐는 순간이었습니다.

한 번도 맛보지 못했던 기쁨을 찾은 순간이었고, 거룩함이 손에 와 닿는 것 같은 순간이었습니다.

이 새로운 생활이 어떻게 태어났는지를 알아보기 위해 우리는 트렌토를 방문하기로 했습니다. 5개의 포콜라레에 흩어져 생활하고 있던 포콜라리나들이 우리가 찾아간 본부에 모여 있었습니다. 그때 우리는 포콜라리노들이 생활하고 있던 첫 남자 포콜라레도 방문했습니다.

우리는 하루를 함께 보냈습니다. 기쁘고 순수한 분위기에 감싸였습니다. 너무도 황홀한 나머지 우리는 영원히 거기서 그렇게 살고 싶었습니다.

이 같은 방식의 생활에 동참하고 싶은 소망이 점점 더 강해졌습니다.

밀라노로 돌아와서 우리는 각자의 방을 내놓고 셋이 함께 한 작은 아파트로 이사했습니다. 아직 우리는 포콜라레라는 이름도 모르고 있었는데 다만 트렌토에서 본 것과 같이 그렇게 생활하고자 했을 따름입니다. 우리는 가지고 있던 것을 모두 가난한 사람들에게 주었습니다. 그리하여 우리는 꼭 필요한 겨우 그 달 식비만 갖고 있었습니다.

저는 피렌체에서 끼아라를 만났습니다. 우리는 아르노 강변, 룬가르니 가에 있는 작은 정자에 앉아 이야기를 나누었는데 그는 저에 대해, 저의 경험에 대해 물었습니다.

저는 무엇을 이야기했는지 기억이 나지 않지만 그 만남은 매우 단순하고 깊고 즐거운 것이었습니다. 마치 끼아라와는 오래 전부터 알고 있는 사이인 것 같았습니다. 저는 마음 깊은 곳으로부터 저를 사랑하시고, 저를 부르시는 예수님의 눈동자를 대하는 듯한 느낌을 받았습니다.

그 해, 1950년 성탄에 끼아라는 저처럼 장차 포콜라리노가 되고자 하는 사람들도 로마로 불러 주었습니다. 우리는 모두 50명가량 되었습니다. 그 며칠간은 아주 강한 친교와 기쁨과 빛의 날들이었습니다. 이때 저는 항상 우리 가운데 예수님을 모시고 생활할 수 있다는 생각에 완전히 빠져들었습니다.

그 해 크리스마스날, 저는 정식으로 포콜라레에 들어갔습니다. 하느님께서 부르시는 새로운 가정으로 들어가기 위해 육신의 부모를 떠난 것입니다.

알도 스테딜레(Aldo Stedile)는 1925년 트렌토 근처 로베레토의 한 산중에서 태어났고 그곳에서 고등학교를 다녔다. 전쟁이 끝나자 메라노, 브레사노네, 트렌토와 집에서 그림을 그렸다. 1948년 이 운동을 알게 되었고 마르코 테칠라(Marco Tecilla)와 카를로 치마도모(Carlo Cimadomo)와 함께 트렌토에서 첫 남자 포콜라레를 열었다. 1952년 교황청 그레고리아나 대학에서 신학을 공부하기 위해 로마

로 갔다. 1958년 벨기에로부터 이 운동을 시작해 달라는 청을 받고 그리로 갔고 그 후 벨기에를 떠나 독일로 갔다. 그리고 쾰른 · 뮌헨 · 하이델베르크 등지에 포콜라레를 열었다. 또한 그는 스위스와 오스트리아에도 운동을 전파했다. 1960년에 교회 일치 운동이 시작되면서 그는 독일의 아우크스부르크 근처에 있는 오트마링에서 머물렀다. 1968년 오트마링에 초교파 차원의 소도시가 세워졌으며 그는 그로부터 16년간 이 소도시의 공동 책임자를 역임했다. 1963년 사제가 되었다. 이 운동 총본부에서 여러 부서의 책임자로 일했으며 현재는 남자 솔선자 부문의 책임자로 일하고 있다.

고등학교를 졸업한 후 저는 그림을 공부하기 위해 미술 아카데미에 다니기 시작했으며 이 공부가 무척 마음에 들었습니다. 전쟁이 끝난 직후였으므로 모든 것이 어려웠습니다. 그래서 저는 돈을 좀 벌기 위해, 그리고 장차 저의 꿈을 실현하기 위해 일을 하기 시작했습니다. 여기저기서 주문을 받아 초상화를 그리고, 장식을 하고 벽화 복원 공사를 하는 동안 저의 예술에 대한 열정은 점점 더 커갔고, 화가의 길이야말로 저의 길이라는 확신을 가지게 되었습니다. 그 길에서 성공을 거두고 만족을 찾을 수 있으리라는 희망을 가졌던 것입니다.

1948년이던 23살 때 저는 매우 훌륭한 처녀를 알게 되었고, 그녀와 함께 미래의 가정을 설계하기에 이르렀습니다. 우리 지역의 관습에 따라 저는 프란치스코회의 어느 수사 신부님을 찾아가 우리의 결혼을 준비시켜 주십사고 청을 드렸습니다. 그리고는 매주 토요일마다 신부님을 찾아가서 결혼에 관한 말씀을 들었습니다.

오노라토(Onorato) 신부님은 깊은 관심을 가지고 자신의 과업을 수행해 가셨습니다. 그런데 강의가 끝날 때면 늘 저를 수도원의 정원으로 데리고 가서 몇몇 처녀들 사이에 시작된 새롭고 아름다운 생활에 대해 이야기해 주곤 하셨습니다. 그들은 하느님을 따르기 위해, 그분의 말씀을 실천하기 위해, 모든 이웃 안에서 예수님을 발견하고 사랑하기 위해 모든 것을 버렸다는 것이었습니다. 그분께서는 매번 끈기 있게 이런 말씀을 해 주셨습니다.

오노라토 신부님의 열정이 뜨거워지면 뜨거워질수록 제 마음은 불안해지기 시작했습니다. 마음 깊은 곳에 혼란이 일어났던 것입니다. 미술에 대한 매력과 가정을 꾸미려던 저의 소망이 이제 그보다 훨씬 더 관대하고 전적인 선택 앞에서 빛을 잃어 가고 있었기 때문입니다. 제 마음 한쪽에는 저의 계획들이 있었고, 저편에는 2천년 전 예수님께서 제자들과 함께하셨던 모험이 있었습니다. 그리고 이 생각은 자꾸만 저를 괴롭혔습니다. 저는 '그것은 한 그룹의 처녀들 사이에서 일어나는 일이니 나와는 상관없다'는 생각으로 마음을 안정시키려 애를 썼습니다. 그런데 얼마 안 가서 저는 마르코 테칠라라는 젊은 청년 역시 그 처녀들의 생활에 함께하고 있다는 소식을 듣게 되었습니다. 그는 이미 자기 집을 떠나 불꽃처럼 타오르기 시작한 끼아라 루빅의 거룩한 모험 안으로 뛰어들었다는 것이었습니다.

저는 끼아라를 만나고 싶었습니다. 이미 제 생활 안에는 무언가 돌이킬 수 없는 변화가 온 것이었습니다. 그러므로 결단을 내릴 필요가 있었습니다. 이렇게 해서 저는 로베레토의 청년이었던 카를로 치마도모와 함께 트렌토로 갔습니다. 우리가 그녀를 만났을 때 저의 의문은 흔적도 없이 사라졌습니다. 예수님께서 제자들과 더불어 이루어 가시던 친교의 삶이 거기에서 어느 모로 재생되고 있다는 인상이 점점 더 굳어졌습니다. 끼아라는 우리의 마음속에 진정 하느님의 부르심이 있는지, 아니면 그저 잠시 뜨거워진 열정에 불과한 것인지 알고 싶어했습니다. 그리하여 우리에게 매우 분명하게 질문을 했습니다. 제가 확신할 수 있는 것은 성령께서 그 순간 끼아라의 입술에 얹어 주신 말씀을 들으면서 마치 예수님의 다음과 같은 말씀을 듣고 있는 듯했다는 것입니다.

"나를 따르려는 사람은 누구든지 자기를 버리고 제 십자가를 지고 따라야 한다."

트렌토의 카푸치니 광장을 떠나는 저의 머리 속에는 단지 '나를 따라라' 라는 구절만이 계속 맴돌고 있었습니다.

저는 복음이 생활화됨을 보았습니다. 교회가 살아 있음을 보았습니다. 제가 그 교회 안에 속해 있다는 것은 크나큰 영광이었습니다. 1949년 6월 1일, 마르코와 카를로, 그리고 저는 트렌토에서 첫 남자 포콜라레를 열었습니다. 저는 계속해서 그림을 그렸습니다.

그러나 이제는 완전히 다른 마음의 자세로 그렸습니다. 그리스도인에게 있어 일은 다른 사람들을 위한 봉사이며 그들과 참된 관계를 태어나게 하기 위한 것이기 때문입니다. 복음의 거룩한 모험, 일치의 거룩한 모험, 서로간의 사랑의 거룩한 모험, 십자가의 거룩한 모험은 끼아라와 그 첫 친구들의 학교에서 매일 매일 그 매력을 더해 갔습니다.